MÁTYÁS PÁNCZÉL

STURMGESCHÜTZ III ON THE BATTLEFIELD 2

★ WORLD WAR TWO PHOTOBOOK SERIES ★

volume 4

Kiadja/Published by
PeKo Publishing Kft.
1144 Budapest, Ond Vezér útja 47.
Email: info@pekobooks.com
www.pekobooks.com

Felelős kiadó/Responsible publisher
Kocsis Péter

Írta/Author
Pánczél Mátyás

A magyar szöveget szakmailag lektorálta/Hungarian text's proofreading
Dr. Számvéber Norbert

Printed in Hungary

Szerkesztette/Layout
Brandly

Fotók/Photos
Kocsis Péter, Bundesarchiv, Archive of Modern Conflict (AMC)

Kiadás éve/First published
2013

ISBN 978-963-89623-3-1
ISSN 2063-9503

KÖSZÖNETNYILVÁNÍTÁS

Szeretném köszönetemet és hálámat kifejezni feleségem, Böbe irányába, aki – mindazon túl, hogy szeretetével és bizalmával támogatott – a legmesszebbmenőkig mellettem állt a kézirat elkészítésekor, valamint kisfiunk, Matyika felé, aki – noha nem érti még e sorok lényegét – erőt és boldogságot adott a befejezéshez. Szeretteim mellett Barnaky Péter, dr. Számvéber Norbert – aki most is lektorálta a kéziratot – és Varga Imre segítségét köszönném meg; illetve Kocsis Péterét, aki kiadásra rendezte a könyvet. Végezetül köszönetem Lee Archernek, aki ellenőrizte az angol szöveget.

ACKNOWLEDGEMENTS

I would like to express my deepest gratitude and thanks to my wife, Böbe who – besides supporting me with all her love and trust – stood by me during the preparation of the manuscript, and to our little son, Matyika who – even though he doesn't not understand the essence of these lines yet – gave me power and happiness to complete the project. My sincere gratitude goes to Peter Barnaky, Dr. Norbert Számvéber - who proofread the manuscript - Imre Varga, and Peter Kocsis, the publisher of the book. Last but not least I would like to thank to Lee Archer for verifying the English translation.

BEVEZETŐ

Az előző, Sturmgeschütz III (továbbiakban: StuG. III) rohamlöveget feldolgozó fotómonográfiánkban röviden vázoltuk a harcjármű típustörténetét. Jelen kiadványunkban a gyártás egyes részleteit és az 1940.05.10.–1941.12.05. közötti harctéri alkalmazást helyezzük előtérbe.

ADALÉKOK A STUG. III GYÁRTÁSÁNAK TÖRTÉNETÉHEZ

A StuG. III végszerelését alapvetően három gyár végezte (1940-ben a Daimler-Benz, 1940-45 között az Alkett, illetve 1943-45 között a MIAG), azonban az egyes részegységek előállítása számos egyéb üzemben történt. Ilyen volt például a motor, amelyet mindvégig a friedrichshafen-i Maybach (és licensz alapján további cégek) gyártottak. A váltóművet a Zahnradfabrik és más gyártók is készítették. A fő fegyverzetet öt különböző vállalat (Krupp, Menck und Hambrock, Rheinmetall-Borsig, Skoda, Wimag) állította elő. A páncélzatot a végszerelő üzemek négy beszállító cégtől kapták. A kisebb részegységek, mint az optikai berendezések, gumi alkatrészek, stb. szintén alvállalkozásoktól érkeztek. Noha a rohamlövegek végső összeszerelése 1943-ig egy, ezt követően pedig két gyárban történt, a késedelmes beszállítások – például a legyártott lövegek elégtelen mennyisége, vagy az angolszász bombatámadások okozta szállítási rendellenességek – miatt az előállítás sok esetben rapszodikusan változott.

A termelés nem mindig érte el az előirányzott darabszámot (máskor viszont meghaladta azt). A gyártási nehézségek mellett a háborús körülmények miatt sokszor gondot okozott a csapatokhoz történő kiszállítás is. Az üzemekből a harcjárművek a hadsereg elosztó fegyverraktáraiba kerültek, ahol beszerelték a rádiókat és feltöltötték az üzemanyag- és kenőrendszert, majd a harcjárműveket kiutalták a csapatoknak. Meglepő, hogy az eddigi kutatások alapján 96 legyártott StuG. III nem jutott el az elosztó fegyverraktárakba, azaz a szállítások során veszhettek oda. Összehasonlításképp: az 1940. évi francia hadjárattól a „Barbarossa" hadművelet végéig 89 véglegesen elveszített rohamlöveget írtak le!

További érdekes információt nyújt a rohamlövegek gyártásának munkaóra-szükségletéről egy, a német szárazföldi haderő Fegyverzetügyi Hivatala (*Heereswaffenamt*) által összeállított, 1943-ban kelt dokumentum, amely a StuG. III részegységeinek előállítási munkaidejét mutatja be.

RÉSZEGYSÉG MEGNEVEZÉSE	MUNKAIDŐ (ÓRÁBAN)
7,5 cm-es löveg optikái (prizmák nélkül)	220
7,5 cm-es löveg	2800
géppuska (1 darab)	85
motor (tartozékok nélkül)	500
erőátviteli egység	370
lánctalp	250
páncélteknő, felépítmény (benne: a mechanikai megmunkálás, csiszolás, hegesztés, stb. és szerelés)	1200
összeszerelő üzemek időfelhasználása: a, alváz összeszerelés b, felépítmény összeszerelés	 1945 515
egyéb tartozékok, a fentieken kívüli elemek, további alkatrészek	1115
ÖSSZESEN: ~9000 ÓRA	

(A fenti táblázat a már felfuttatott, azaz a gyártási tapasztalattal rendelkező előállítási időt tartalmazza, így valószínű, hogy 1940–41-ben ennél több ideig tartott a rohamlövegek gyártása. Az egyes munkafolyamatok párhuzamosan folytak.)

A StuG. III bekerülési költsége 1944-ben az Ausf. G esetében 82.500 birodalmi márka volt. Ezzel szemben például egy Pz.Kpfw. V Panther ára 117.100, a Pz.Kpfw. VI Tiger E ára 250.800 márkára rúgott.

A KEZELŐSZEMÉLYZET ELHELYEZKEDÉSE ÉS FELADATA A STUG. III ROHAMLÖVEGBEN

A StuG. III kezelőszemélyzetét 4 fő alkotta: parancsnok, irányzó, járművezető, töltőkezelő. Menetirány szerint a bal oldalon, elöl ült a vezető, mögötte az irányzó, majd a parancsnok. Jobb oldalon, a löveg mellett helyezkedett el a töltőkezelő. A meglehetősen szűk vezető- és küzdőtérben a harckocsizókénál szorosabb összhangban kellett harc közbeni feladataikat ellátniuk. A feladatmegosztás az alábbi volt.

A parancsnok a kapott harcfeladatnak megfelelően irányította a rohamlöveg harcát; meghatározta a célokat, azok leküzdésének sorrendjét és módját, az alkalmazott fegyver- és lőszertípust. Elkészítette a különböző térkép- és tűzvázlatokat, végrehajtotta a felderítést (pl.: gázlón történő átkelésnél kiszállt, s ellenőrizte a vízmélységet, eközben a töltőkezelő biztosította). Tartotta az összeköttetést az elöljáróval, jelentette a kapott harcparancsok végrehajtását, illetve az azok során elhasznált lőszer- és üzemanyag-mennyiséget. Sérülés esetén helyettesíthette bármelyik kezelőt.

Az irányzó kezelte a fő fegyverzetet (a kései G altípusoknál, ahol volt, a párhuzamosított géppuskát is), és leküzdötte a célokat. Tűzharc során a löveg korlátozott oldalirányzási szöge miatt (L/24 lövegnél 2x12°, L/43 és L/48 lövegnél 2x10°) folyamatos összhangban dolgozott a járművezetővel. Lehetőségeihez mérten felderítette a célokat a harcmezőn, s megfigyelte az elért találatokat. Egyben a parancsnok általános helyettese volt.

A járművezető vezette a rohamlöveget a terep adta lehetőségeket maximálisan kihasználva, ügyelve a leküzdendő célok irányára. Figyelte a harcmezőt és a motor visszajelző műszereit, jelentette a felbukkanó célokat és az elfogyasztott üzemanyag-mennyiséget.

A töltőkezelő a kapott utasításoknak megfelelően töltötte a fő fegyverzetet a kiválasztott lőszertípus szerint, figyelte a harcmezőt, kezelte a rádiót, s jelentette a felhasznált lőszermennyiséget. Feladata volt továbbá a géppuska és az önvédelmi fegyverek kezelése. A kezelők együtt végezték a rohamlöveg feltöltését, a készletek málházását, az álcázást és a kisebb karbantartási munkákat.

A HADJÁRATOK TAPASZTALATAI

A német rohamlövegek első harcérintkezésére az 1940. május 10-én indított nyugati hadjárat – Fall Gelb – során került sor. A Franciaország elleni hadműveletekben négy (640., 659., 660., 665.) rohamüteg vett részt, egyenként 6 löveggel. Feladatuk alapvetően a gyalogság harcának közvetlen támogatása volt, de ritkán általános tüzérségi feladatot (pl. közvetlen irányzású tűzcsapást) is végrehajtottak. Harc közben a rohamlövegek páncélosokkal is összecsaptak. Az ütegek sok esetben tűzszakaszokra bontva (2 löveg) tevékenykedtek, olykor önállóan. A harcvezetés során bebizonyosodott, hogy az ütegparancsnoki harcjárművek (Sd. Kfz. 253, Pz.Kpfw. I) elégtelen páncélvédelmük miatt alkalmatlanok a közvetlen irányításra. A StuG. III 7,5 cm (L/24) lövege megfelelőnek bizonyult az általános feladatok sikeres végrehajtásához, alapvetően két lőszertípust (repeszromboló – Gr.34, páncéltörő – Panzergranatpatrone rot) alkalmazva. Emellett már ez a hadjárat is rávilágított a löveg páncéltörő kapacitásának hiányosságaira, mivel a francia Char B1, Somua S35 és a brit Matilda harckocsik frontpáncélzata kis távolságon is (300 méter felett) ellenállt a páncéltörő lövedékeknek. A harcérintkezésekre javarészt kis és közepes távolságon, 50-800 méter között került sor. Érdekes módon a géppuskák nélkülözhetetlenségére nem találtunk utalást, noha a német harcászati szabályzat az élőerő leküzdését 800 méterig ágyúval nem tartotta helyesnek. Feltételezhető, hogy a harcok során a repeszgránát mellett az MP 38/40 géppisztoly, valamint a támogatott gyalogság tűzfegyverei elegendőnek bizonyultak, főként, hogy a francia páncélromboló osztagok alkalmazása nem volt jellemző.

A rohamlövegek páncélvédettsége jól vizsgázott. Az 50 mm-es frontpáncélzat a francia páncéltörő lövegek tüzét állta, ellentétben a harckocsik Pz.Kpfw. I-IV típusaival szemben, amelyek jelentős veszteségeket szenvedtek. A StuG. III 30 mm-es oldalpáncélzata viszont már nem volt elégséges, hiszen a francia és brit lövegek már 800 méteren is átütötték azt.

A StuG. III mozgékonysága kiválónak bizonyult, azonban az aknák és az első görgőkre nehezedő terhelés miatt a futógörgők cseréje sokszor indokolttá vált. A technikai kiszolgálás terén hiányosságok mutatkoztak. Az ütegeknek nem volt saját szállítóeszköze és megfelelő technikai felszerelése. A hadjárat során az alakulatok összesen 4 rohamlöveget írtak le végleges veszteségként.

1941. február 7-től a rohamtüzér-csapatok hadrendi megnevezése megváltozott. Ezután a rendszeresített elnevezés a zászlóalj méretű csapattest esetében a rohamlövegosztály, az önálló ütegeknél pedig a rohamlövegüteg lett.

A Jugoszlávia és Görögország ellen indított hadműveletekben (1941. 04. 06-17.) négy rohamtüzér-csapattest (184., 190. és 191. rohamlövegosztály, valamint a Grossdeutschland gyalogezred 16. ütege) vett részt, állományukban 18, illetve üteg szinten 6 rohamlöveggel. A harcok jelentős részében szintén a gyalogság támogatása volt a fő feladat, amelynek során leginkább erődítések leküzdése és harcászatilag kiemelt területek birtokba vétele volt a cél. Harckocsik elleni alkalmazásra itt nem került sor. A főfegyverzet pusztító hatása megfelelőnek bizonyult, azonban az átszeldelt terep és a lövegek korlátozott irányzási szöge miatt a tűzerőt sokszor nem lehetett teljesen kihasználni. A rohamlövegek páncélvédettsége e hadműveletek idején is alapvetően jól vizsgázott, azonban a tábori tüzérség tüzével szemben védtelennek bizonyultak. A parancsnoki járművek ekkor is alkalmatlannak bizonyultak az eredményes harcvezetésre. A nehéz terep erősen korlátozta a mozgékonyságot: a harcjárművek fék- és váltórendszere gyorsan kopott és meghibásodott. A technikai kiszolgálás az utánpótlási nehézségek folytán akadozott. A hadjáratok során keletkezett némi javítható harcjármű-veszteség, de – eddigi kutatásaink szerint – végleges rohamlöveg-veszteséget a csapatok nem szenvedtek.

A Balkánon indított hadműveletek eredményeként – figyelembe véve a franciaországi tapasztalatokat – az ütegek szervezete az 1941. április 18-án kelt 446. számú hadi állománytábla (K.St.N. 446) rendelete szerint megváltozott. A sikeres harcvezetés érdekében minden üteghez egy hetedik, parancsnoki rohamlöveget rendszeresítettek és a meglévő Sd.Kfz. 253 (és más alkalmi) harcjárműveket kivonták. Az Sd.Kfz. 252 lőszerszállító harcjárműveket részben tehergépkocsikkal váltották ki, azonban a sérült eszközök szállítására a rohamtüzér csapattestek továbbra sem rendelkeztek saját járművel.

Az észak-afrikai hadszíntéren és Tunéziában korlátozott számban tevékenykedtek rohamlövegek, de az ott szerzett tapasztalatok igen hasznosnak bizonyultak a későbbi – főként a Szovjetunió elleni – hadműveletek során. A Sonderverband 288 (288. különleges kötelék) 288/5. (páncélvadász-) századában három, sivatagi körülményekre felkészített StuG. III Ausf. D szolgált, amelyek különböző gyalogsági támogató feladatokat láttak el 1942 elejétől. Noha részletes harcászati tapasztalati jelentésről nincs tudomásunk, annyi bizonyos, hogy ezek közül került ki az első rohamlöveg, amelyet a szövetséges csapatok zsákmányoltak. Az észak-afrikai tapasztalatok rámutattak az utánpótlás nehézségeire, valamint a harcjárművek légszűrőinek és a motor rendszereinek fokozott igénybevételére. 1942 novemberétől a 242. rohamlövegosztály 1. ütegének (később 90. rohamlövegüteg) 4 StuG. III Ausf. F/8-asa harcolt Tunéziában a 10. páncéloshadosztály alárendeltségében (három rohamlöveg a szállítás során odaveszett). Tevékenységük során kiváló páncéltörő eszköznek bizonyultak. Az Észak-Afrikába irányított 10 német (ebből 7 bevetett) rohamlöveg végleges veszteségként veszett oda.

Az 1941. június 22-én meginduló „Barbarossa" hadművelet és a keleti front adta sajátosságok átformálták a páncélos hadviselést, ami természetesen a rohamlövegek alkalmazására is kihatott. A hadműveletben az összes bevethető rohamtüzér-csapattest részt vett (az Észak Hadseregcsoportban 1 rohamlövegosztály, 5 rohamlövegüteg; a Közép Hadseregcsoportban 6 rohamlövegosztály; a Dél Hadseregcsoportban pedig 4 rohamlövegosztály), állományukban közel 250 rohamlöveggel. Feladatuk kezdetben – hagyományosan – a gyalogság közvetlen tűztámogatása volt. Ennek során számos harchelyzetben (pl.: erődítések lefogása/megsemmisítése, helységek és harcászatilag kiemelt területek birtokba vétele, felderítés, páncélosok elleni harc) kellett beavatkozniuk. Java részt alegységekre, leginkább ütegekre és tűzszakaszokra bontva alkalmazták őket.

A szovjet Vörös Hadsereg nyomasztó páncélos fölénye és a gyaloghadosztályok elégtelen páncéltörő fegyverzete miatt a rohamlövegekre egyre inkább páncélelhárító szerepkör hárult. A „Barbarossa" hadművelet alatt a rohamlövegek bizonyultak a legjobb páncélelhárító harcjárműnek, mivel mozgékonyságuk kiváló, tűzerejük és páncélzatuk a legerősebb volt. A harckocsikkal szemben magasságuk nem haladta meg a 2 métert, így kisebb célpontot mutattak. Irányzótávcsöveik nagyítása kétszerese volt a páncélosokban használtakénak, ami nagyobb távolságon jobb találati arányt eredményezett. Fő fegyverzetük az általános célú feladatok sikeres végrehajtása mellett az általános páncéltörő lőszerrel lehetővé tette minden szovjet páncélos leküzdését (a T–34 és KV–1 és KV–2 harckocsik kivételével). A legkorszerűbb típusok megsemmisítése a Gr.38 HL/A és B típusú kumulatív páncélrobbantó gránáttal volt megoldható (szemből csak erősen korlátozottan, oldalról és hátulról szinte maradéktalanul). Általános páncéltörő lőszerrel mindössze a T–34 futóművének vonalában, oldalról, 100 méteren belül érhettek el hatásos találatot. A lövedék alacsony kezdősebessége és az ebből adódó ballisztikai tulajdonságai miatt csak 500 méterig volt pontos. Repeszromboló gránát találata a lánctalp és az optikai berendezések sérülését eredményezhette. A harcok hevessége és elhúzódása miatt a rohamlövegek 44 darabos lőszerjavadalmazása kevés volt. A meglévő önvédelmi fegyvereken (MP 38/40 géppisztoly, Ausf. D-től kezdve további 12 darab M24 kézigránát) kívül az élőerő ellen szükség volt nagyobb távolságon is eredményesen alkalmazható sorozatlövő fegyverre. Egyre több rohamlöveg személyzete kezdte alkalmazni az MG 34 géppuskát, amit a töltőkezelő működtetett. Az MG 34 a D altípustól kezdve rendszeresített felszereléssé vált a rohamlövegekben.

A meglévő 50 mm-es frontpáncélzat elegendőnek bizonyult a legtöbb tűzeszközzel szemben (45 mm-es és 76,2 mm rövid csövű lövegek), azonban a T–34 és KV–1 típusokba beépített 76,2 mm-es L-11 és F-34 löveg, valamint a KV–2 152 mm-es M-10 tarackjának lövedékeivel szemben már nem nyújtott megfelelő védelmet. A gyárak ezt úgy próbálták meg orvosolni, hogy a D altípus frontpáncélzatánál már keményebb ötvözetű, de azonos vastagságú páncéllemezt használtak, ami azonban szintén nem biztosított megfelelő védelmet. Az oldal- és farpáncélzat vastagsága is elégtelennek bizonyult. A járművek mozgékonysága nyáron kiváló volt, de a téli üzemeltetési körülmények között a terepjáró képesség erősen csökkent. A technikai kiszolgálás végrehajtása szinte kivitelezhetetlen volt a járműpark elhasználódása miatt. Számos rohamlöveg a hadművelet kezdete óta folyamatosan harcolt. A rossz minőségű úthálózat és a por kikezdte a járműveket. A nagy távolságú menetek alatt elhasználódtak a futóművek, a motor- és kiszolgáló rendszerei, s a folyamatos alkalmazás, valamint az ellátási nehézségek miatt elmaradtak a kezelői kiszolgálások. Noha 1941. november 1-től változott a rohamtüzér csapattestek hadi állománytáblája (K.St.N. 446a), amely szerint (önálló) ütegenként 1 darab 18 tonnás vontató (Sd.Kfz. 9) és egy Sd.Ah. 116 mélyrakodó utánfutó került a csapatokhoz, ez nem mindig volt elegendő a sérült járművek szállításához. A veszteségek a magasba szöktek, csak az első két hónap során 21 rohamlöveg veszett el véglegesen. A hadművelet végére 85 StuG. III került végleges veszteséglistára, ám ennél lényegesen több harcjármű vált átmenetileg harc- vagy mozgásképtelenné.

A „Barbarossa" hadművelet tapasztalatai alapján számos utasítás született a harcvezetésre és a technikai fejlesztésre vonatkozóan, főként a harc sikeres megvívása érdekében, amely a rohamlövegeket is érintette. Elsősorban növelni kellett a lövegek páncéltörő tűzerejét és a szállított lőszer mennyiségét. A rohamtüzérek feladata továbbra is a gyalogosok közvetlen tűztámogatása maradt, kiemelve a páncélelhárító feladatkört. A harcvezetés érdekében növelni kellett a rádiók hatótávolságát és üzembiztonságát. Noha a frontpáncélzat növelésének problémája felmerült, abban változtatás csak később következett be. A sérült járművek szállítását és javítását hadsereg vagy hadseregcsoport szinten szervezték, azokat központosítani kellett. A fentiek mellett a rohamlövegosztályoknak fel kellett készülniük a különböző haderő-, fegyver- és csapatnemekkel való hatékony együttműködésre, hiszen feladatkörükből adódóan a súlyponti arcvonalszakaszokon tevékenykedtek, sűrűn változó alárendeltségben.

1941 végére a rohamtüzér csapatnem a Wehrmacht egyik elit csapatává, s a keleti front körülményei közepette a gyalogság nélkülözhetetlen támogatójává vált, úgy támadásban, mind védelemben.

Noha a kötetben látható fényképek végigkísérik a rohamlövegek tevékenységét a második világháború európai hadszínterein, a keleti front 1941. 12. 05. utáni harcaival, valamint az itáliai és a nyugati front harcászati tapasztalataival szöveges formában következő kiadványunkban foglalkozunk.

A képaláírásokban olvasható, a rohamlövegek gyártására vonatkozó adatok sorrendben a következők: gyártó cég neve, gyártás becsült ideje (gyártási év, hónaptól hónapig tartó időszaka).

Pánczél Mátyás

INTRODUCTION

In the previous Sturmgeschütz III (hereinafter referred to StuG III) photo-monograph we briefly outlined the history of this combat vehicle. In this publication we focus on certain details of the production and its combat use from 10th May 1940 until 5th December 1941.

ADDITIONAL INFORMATION TO THE STUG. III PRODUCTION HISTORY

The final assembly of StuG. III was carried out in three factories (in 1940 at Daimler-Benz, between 1940-45 at Alkett and between 1943-45 at MIAG), but the components were produced in many other plants. For example, the engine was produced primarily by Maybach in Friedrichshafen (and a few other companies under license). The gearbox was produced by Zahnradfabrik and some other manufacturers. The main armament was produced by five different companies; Krupp, Menck und Hambrock, Rheinmetall-Borsig, Skoda and Wimag. The armour was delivered by four suppliers to the final assembly plants. Smaller components such as optical devices, rubber parts, etc. also arrived from subcontractors.

Although the final assembly of assault guns was done in one factory until 1943, and only in two factories afterwards, supply problems such as the inadequate number of guns manufactured, or Allied bombing often caused significant changes in production. Sometimes they did not reach the target number of items, other times exceeded it. In addition to manufacturing difficulties they often had problems in delivering to the troops, due to war circumstances. Fighting vehicles were delivered to the army ordnance depot where the radios were installed and the vehicles filled with fuel and lubricants, then they were allocated to the troops. It is surprising that, according to previous research, 96 StuG. IIIs did not arrive at the ordnance depots, they were probably lost during transport. By comparison: from the French campaign in 1940 until the end of the Operation „Barbarossa" there were only 89 self-propelled guns written-off altogether!

Additional interesting information is provided about the man-hour requirement in production of the assault guns, established by the Army Ordnance Department (*Heereswaffenamt*). The document is dated 1943 and shows the production time of the StuG. III's components.

COMPONENT	TIME (HOURS)
7.5 cm gun optics (without prisms)	220
7.5 cm gun	2800
machine gun (1 unit)	85
motor (without components)	500
transmission unit	370
track	250
hull, compartment (incl. mechanical machining, grinding, welding, etc. and assembly)	1200
time taken by assembly plants: a, chassis assembly b, compartment assembly	 1945 515
other accessories (not included above) and further parts	1115
TOTAL: ~9000 HOURS	

(The above table above factors-in the experience gained during manufacture, so it is likely that the production time was longer during the period 1940-41. Workflows took place parallel.)

The cost of a StuG. III Ausf. G was 82,500 Reichsmark in 1944. In contrast, the cost to manufacture a Pz.Kpfw. V Panther was 117,100, a Pz.Kpfw. VI Tiger 250,800 Reichsmark.

THE CREW OF A STUG. III

The crew of a StuG. III consisted of four members: commander, gunner, driver, and loader. The driver sat on the left (driving direction) with the gunner and the commander behind him. The loader sat on the right, next to the gun. In the rather narrow driving and fighting compartment they had to perform their tasks much more harmoniously with each other than tankers. Their duties were as follows:

1. The commander controlled the actions of the assault gun according to the mission. He set objectives, decided the sequence and method, the weapon and ammunition types to be used against them. The commander prepared sketch maps and fire drafts and performed reconnaissance (e.g. he got out to check water depth when crossing fords while the loader covered him). He kept in communication with his superiors, explained the implementation of the missions as well as the quantity of ammunition and fuel to be used. In case of injury he could replace any member of the crew.
2. The gunner handled the main armament (also the coaxial machine gun on the late G versions) and hopefully destroyed the target. Due to the limited gun traverse (L/24 gun 2x12°, L/43 and L/48 gun 2x10°) he had to work together with the driver during an engagement. As far as he was able, the gunner scouted for targets on the battlefield and checked the results. He was also the general deputy commander.
3. The driver was tasked with driving the assault gun according to the location of the targets while taking full advantage of the terrain. He watched the battlefield, the vehicle's gauges, reported targets and the amount of fuel consumed.
4. The loader loaded the main armament with the selected type of ammunition according to his instructions from the commander. He watched the battlefield, manned the radio and reported the amount of ammunition used. His task was also to handle machine gun and self-defence weapons. Together the crew carried out replenishment, camouflage and minor maintenance work to the assault gun.

CAMPAIGN EXPERIENCE

The first action involving German assault guns took place during the Western campaign - Fall Gelb - launched on 10th May 1940. In the battle against France four assault batteries (640., 659., 660., 665.) participated, having six guns of each. Their mission was to offer fire support to the infantry, but rarely implemented general artillery tasks (e.g. direct fire) also. The assault guns clashed also with tanks during the fighting. In many cases, batteries were divided into fire sections of 2 guns, sometimes they acted independently. During the fighting they found that the battery command vehicles (Sd.Kfz. 253, Pz.Kpfw. I) were unsuitable for direct control due to their insufficient armour.

The StuG. III, 7.5 cm (L/24) gun fired two types of ammunition: High Explosive - Gr.34 and Armour Piercing - Panzergranatpatrone rot, which proved to be generally suitable. In addition, this campaign had also highlighted the weaknesses of the gun's armour piercing capacity, as the French Char B1, Somua S35 and the British Matilda tanks' frontal armour resisted the armour-piercing projectiles even at short range (over 300 metres). Contact with the enemy took place largely at short and medium distances, between 50-800 metres. Interestingly however, the German tactical rules considered it inappropriate to overcome manpower with gunfire within 800 metres, we could not find any indication of machine guns being essential. It is assumed that besides the high explosive grenade, the use of the MP 38/40 machine gun and the supporting infantry weapons proved to be sufficient during the fighting, mainly because the use of French tank hunter squads was rare.

The armour protection of assault guns performed well. The 50 mm front armour resisted the fire of the French anti-tank guns, unlike the Pz.Kpfw. I-IVs which suffered significant losses. However, the 30 mm side armour of the StuG. III did not offer enough protection as the French and British guns penetrated it as close as 800 metres. The mobility of the StuG. III was excellent, but because of mines and nose heaviness, replacement of the wheels often became necessary. There were deficiencies in the technical services. The batteries did not possess their own transport vehicles and appropriate technical equipment. During the campaign the troops described 4 assault guns as a total loss.

From 7th February 1941 the name of the assault gun troops changed. Thenceforth the regular term of a battalion-sized unit became *"Sturmgeschütz-Abteilung"*, and the independent batteries became *"Sturmgeschütz-Batterie"*. Four assault gun units (184., 190. and 191. Sturmgeschütz-Abteilung and the 16th battery of the "Großdeutschland" Infantry Regiment) participated in combat operations against Yugoslavia and Greece (06-17. 04. 1941.). Each Abteilung had 18 assault guns and the battery of “Großdeutschland” had 6. In the majority of engagements the primary task was again to support the infantry, overcome fortifications and occupy the tactically priority areas.

Employment of the assault guns as anti-tank guns did not take place here. The main armament proved devastating, but because of the terrain and the limited angle of the gun’s traverse, the firepower often could not be fully exploited. The armour protection of assault guns during these operations also performed well, however they proved to be defenceless against artillery fire. The command vehicles proved to be unsuitable for efficient leadership. The difficult terrain severely limited their mobility: the transmission and braking systems of the vehicle were quickly worn and damaged. The technical service faltered due to supply difficulties. During the campaigns they had some repairable tank losses, but - according to our research so far – no assault guns were written-off.

As a result of the military operations in the Balkans and French campaign, the organisation of the batteries was changed according to order No. 446 wartime organisation table (K.St.N. 446) dated 18th April 1941. To ensure successful leadership all batteries received a seventh, command assault gun and the existing Sd.Kfz. 253 (and other casual) vehicles were withdrawn. The Sd.Kfz. 252 ammunition carriers were partly replaced by lorries, but the assault gun branch still did not have their own recovery vehicle.

In North Africa there were only a limited number of assault guns, but the experience they gained proved to be very useful for future military operations especially against the Soviet Union. The 5. (anti-tank) company of the Sonderverband 288 had three StuG. III Ausf. D, which were prepared for desert conditions and engaged in various infantry support roles from the beginning of 1942. Although we do not possess detailed tactical reports about their experiences, what is certain is that the first assault gun captured by Allied troops was from this unit. The North African experience highlighted the difficulties of supply and increased usage of the tanks’ air filters and engine systems. From November 1942, four StuG. III Ausf. F/8 of 242 Sturmgeschütz-Abteilung’s 1. battery (later 90. assault gun battery) fought in Tunisia under the subordination of the 10th Panzer Division (three assault gun were lost during transport). Throughout their deployment they proved to be an excellent anti-tank weapon. The 10 German assault guns (7 of them deployed) sent to North Africa were total losses.

Operation “Barbarossa” commenced on 22nd June and the characteristics of the Eastern Front transformed armoured warfare, which affected the application of assault guns. During the operation, nearly 250 assault guns were involved, from 1 Sturmgeschütz-Abteilung and 5 Sturmgeschütz-Batteries of Army Group North, 6 Sturmgeschütz-Abteilung of Army Group Centre and 4 Sturmgeschütz-Abteilung of Army Group South. Their initial task was to give direct fire support to the infantry. In doing this they had to take part in several combat situations (e.g. pinning down/destroying fortifications, occupying territory and tactically prioritised areas, reconnaissance, fighting against armoured vehicles). They were deployed mainly in detached subunits: mostly divided into batteries and platoons.

Because of the Soviet Red Army’s overwhelming armour superiority and the insufficient anti-tank capacity of the infantry divisions, the anti-tank role was increasingly given to the assault guns. During Operation „Barbarossa” assault guns proved to be the best anti-tank combat vehicles, as they were highly manoeuvrable and they had the greatest firepower and armour. Unlike the tanks, their height did not exceed 2 metres, so they presented a smaller target. Magnification of their sighting telescopes was twice that of those used in the tanks, which resulted better kill ratio at a greater range.

Their main armament with armour-piercing ammunition, in addition to the successful implementation of the general tasks, made it possible to successfully engage all Soviet tanks except the T-34, KV-1 and KV-2. The latest models could be knocked out using the Gr.38 HL/A and B types of High Explosive Anti-Tank round (only to a limited extent from the front, but from the sides and the back almost completely). With general armour-piercing ammunition they could achieve effective hit only to the height of a T-34 tank’s running gear, from the side, within 100 metres. Due to the low initial velocity and the resulting ballistic properties, the projectile was only accurate to 500 metres. A hit from a high explosive round could cause damage to the track and optical equipment. Due to the duration and intensity of engagements the 44 rounds of stowed ammunition was insufficient. In addition to existing self-defence weapons (MP 38/40 submachine-gun, and starting with the Ausf. D, 12 M24 hand grenades) an automatic weapon was required for use against infantry. More and more assault gun crews started to use the MG 34 machine gun, which was operated by the loader. Starting with the Ausf. D, the MG 34 became standard equipment for the assault guns.

The 50 mm frontal armour proved to be thick enough against most anti-tank weapons (45 mm and 76.2 mm short-barrelled guns), but against the 76.2 mm L-11 and F-34 guns fitted to the T-34 and KV-1, or the 152 mm M-10 howitzer of the KV-2 it did not provide sufficient protection. The armour manufacturers tried to solve the problem by using a harder alloy armour plate of the same thickness, but it did not provide adequate protection either. The thickness of the side and rear armour also proved to be insufficient.

The vehicle had excellent manoeuvrability in the summer, but in winter driving conditions its off-road capability was greatly reduced. The implementation of the technical service was almost impossible due to wear and tear of the vehicle fleet. Several assault guns had been in constant combat since the beginning of operation. The poor quality of roads and dust eroded the vehicles. The running gear and engine with its associated systems wore under the long-range marches. Although the organizational chart of the assault gun branch (K.St.N. 446a) changed from 1st November 1941, according to which every (independent) battery received 1 18 ton towing tractor (Sd.Kfz. 9) and one Sd.Ah. 116 trailer, although this was not always sufficient to transport the damaged vehicles. The losses increased; 21 assault guns were lost permanently just in the first two months. By the end of the operation 85 StuG. III were total write offs, but considerably more fighting vehicles became temporarily incapacitated or immobilised.

Based on the experiences of Operation "Barbarossa" several changes took effect concerning leadership and technical developments, which also affected assault guns. First, they had to increase the firepower of the anti-tank guns and the amount of ammunition. The task of the assault guns remained to provide direct fire support to the infantry, highlighting the anti-tank duties. Radio range and operating safety had to be increased in order to support combat control. Although the problem of increasing the front armour has occurred some time previously, changes were made only later in the production cycle. Transport and repair of damaged vehicles was organized at Army or Army Group level, therefore had to be centralized. In addition, the Sturmgeschütz-Abteilung had to prepare for effective cooperation with the various branches of arms, as because of their tasks, they operated on the main frontline sections, under frequently changing subordination.

By the end of 1941, the assault gun branch became one of the Wehrmacht's elite troops and, under the circumstances of the Eastern Front, indispensable support for the infantry both in attack and defence.

Although the photographs in this book accompany the assault guns' activities in the European theatre of war, we will deal with the Eastern Front battles after 5th December 1941, and also with the Italian and Western Front's battlefield experiences in our next issue in text form.

Data on the production of the assault guns in the captions are the following (in order): company name, estimated date of manufacture (year of manufacture, production period month - month).

Mátyás Pánczél

Péter Kocsis's Collection

Feltehetően 1939-ben készült érdekes, de ismert felvétel egy jüterbogi Panzer-Selbstfahrlafette (DB, 1937) kiképző harcjárműről, amely – a látható füstből ítélve – kigyulladt. Ez a jármű a Pz.Kpfw. III Ausf. B 2./ZW alvázára épült, s csak Jüterbogban használták kiképzésre. A háttérben a vezetési gyakorlatokra használt Pz.Kpfw. III Ausf. A torony nélküli változata látható.

A well-known, but very interesting picture of a burning Panzer-Selbstfahrlafette (DB, 1937) training vehicle, probably taken in 1939. This vehicle was built on the chassis of a Pz.Kpfw. III Ausf. B 2./ZW, and was used only in Jüterbog for training. There is a turretless Pz.Kpfw. III Ausf. A in the background which was used for driving training.

Péter Kocsis's Collection

A következő két felvételen a Sturmbatterie 660 (660. rohamüteg) harcjárművei, köztük öt StuG. III Ausf. A (DB, 1940.01-05.) látható Epinal (Franciaország) városában, 1940 júniusában. Az egység az 1940. március 20-án kelt szervezési parancs szerint 1940. április 8-án alakult. A város birtokba vételéig (1940. június 19-ig) az üteg a német 3. gyalog-, a 8., majd 6. páncéloshadosztály alárendeltségében és a Waffen-SS csapataival közösen harcolt.

Vehicles of the Sturmbatterie 660 can be seen on the following two pictures, including five StuG. III Ausf. A (DB, 01-05. 1940.) in June 1940, Epinal (France). According to the organizational order dated on 20th March 1940 the unit was raised on 8th April 1940. Until the capture of the city (19th June 1940) the battery fought first under the subordination of the 3. Infanterie Division, then 8. Panzer Division and later the 6. Panzer Division, side by side with Waffen-SS troops.

Péter Kocsis's Collection

A Sturmbatterie 660 első veszteségét 1940. június 11-én szenvedte el. A 3. tűzszakasz parancsnoka – Kaiser hadnagy – és töltőkezelője halt hősi halált egy 25 mm-es francia páncéltörő ágyú találataitól, amelyek rohamlövegük oldalát ütötték át. Feltételezhetően ez a jármű még javításon volt a felvétel készítésekor, ezért látható csak 5 rohamlöveg.

Sturmbatterie 660 suffered its first losses on 11th June 1940, when the commander's vehicle of the 3. platoon was hit in the side by a French 25 mm anti-tank gun. Lieutenant Kaiser and the loader were killed. The vehicle was probably still under repair when the picture was taken, which is why we see only five assault guns.

A 90116 alvázszámú StuG. III Ausf. B (Alkett, 1940. 06-07.) a jüterbogi Tüzér Tanezred állományából. Jól látható a feltehetően sárga „C" betű, valamint a tanezred jelvénye a felépítmény frontpáncélján. A rohamlövegre az Ausf. A változatnál használt korai meghajtó görgőt, de már az újabb, 40 cm széles lánctalpat szerelték.

StuG. III Ausf. B (Alkett, 06-07. 1940.; chassis number 90116) from the Artillery Lehr Regiment (Artillery Training Regiment) in Jüterbog. The unit sign and a (probably) yellow letter "C" is clearly visible on the front armour. The vehicle has the earlier sprocket of the Ausf. A version, but has the new 40 cm wide tracks.

Péter Kocsis's Collection

Egy másik jüterbogi StuG. III Ausf. B (Alkett, 1940. 06-09.), amelyet 1940. november 20-án örökítettek meg az utókornak. Jól megfigyelhető a jármű korai kialakítása a meghajtó görgő, a hátsó tároló dobozok és a páncélozatlan ködgránátvető segítségével. Az 5 évig tartó gyártási időszak alatt számos „hibrid" rohamlöveg készült, amelyek magukon viselték az előző (korábbi) altípus(ok) ismertető jegyeit.

Another StuG. III Ausf. B (Alkett, 06-09. 1940.) from Jüterbog. The picture was taken on 20th November 1940. The sprocket, the stowage box on the back and the unarmoured smoke grenade launcher clearly show that it is an early version. During 5 years of production many "hybrid" versions of the StuG. III were produced with a mix of fittings.

A Sturmgeschutz-Abteilung 192 (192. rohamtüzérosztály) feltehetően 2. üteg 2. tűzszakaszának „23-as" harcászati azonosító számú StuG. III Ausf. B lövege (Alkett, 1940. 06-10.) a Szovjetunióban, 1941 nyarán. A szovjet páncéltörő fegyverekkel való első harcérintkezés után a hatékonyabb védettség érdekében az osztály rohamlövegeinek oldalára különböző fa elemeket csavaroztak, a front- és far részekre pedig lánctagokat szereltek.

StuG. III Ausf. B (Alkett, 06-10. 1940.) of Sturmgeschütz-Abteilung 192 in the Soviet Union, during the Summer of 1941 with tactical number "23" (probably from the 2. battery, 2. platoon). Right after the first clashes with Soviet anti-tank weapons, the Abteilung's assault guns were uparmoured with wood on the sides and spare track links on the front and rear.

Péter Kocsis's Collection

Ugyanazon csapattest, feltehetően a 3. üteg 2. tűzszakaszának StuG. III Ausf. B (Alkett, 1940) rohamlövege a Szovjetunióban, 1941 nyarán, amint egy 10,5 cm leichte Feldhaubitze-t (könnyű tábori tarackot) vontat. A megfelelő vontatójárművek hiánya sok esetben rákényszerítette a harcjárműveket a hasonló segítségnyújtásra.

StuG. III Ausf. B (Alkett, 1940) probably from the 3. battery, 2. platoon of the same unit in the Soviet Union, Summer 1941. The vehicle is towing a 10.5 cm leFH 18 (light field howitzer). Due to the low number of recovery vehicles, fighting vehicles were put into service in several cases.

Péter Kocsis's Collection

A következő két felvételen a Sturmgeschütz-Abteilung 201 egyik StuG. III Ausf. B (Alkett, 1940.09 1941.03.) műszaki mentésének előkészületei láthatóak. Megfelelő páncélozott vontatójármű hiányában e feladatokat legtöbbször egy másik rohamlöveg végezte, ahogy az itt is megfigyelhető.

In the next two pictures we can see the preparations for the recovery of a StuG. III Ausf. B (Alkett, 09.1940-03.1941). As can be seen in most cases another assault gun was used for this purpose because of the lack of armoured recovery vehicles.

Péter Kocsis's Collection

Jól láthatóak a védelem növelésére szolgáló oldalsó fagerendák és a küzdőtér hátpáncélját erősítő, a tartalék futógörgőkre felhelyezett lánctagok, valamint a málházott felszerelések. A két hátsó szellőző nyitva van, ami feltehetően a motor hűtését szolgálta. Ez a felvétel is kiválóan szemlélteti a fentebb említett, keleti frontra jellemző sajátosságokat.

We can clearly see the logs on the side and the additional track links on the back which provided better armour protection for the vehicle. Note the stowage. The two hatches on the back are open, probably to improve cooling. This picture shows features typical of the Eastern Front.

Péter Kocsis's Collection

A Sturmgeschütz-Abteilung 226 „132-es" harcászati azonosító számú StuG. III Ausf. B (Alkett, 1940.09-1941.03.) rohamlövege a Szovjetunióban, 1941 kora őszén. A löveg parancsnoka a por ellen szemüveget, fejének védelme érdekében rohamsisakot visel. A háttérben látható ló vontatta fogatolt jármű – mint az utánpótlás egyik alappillére – általános közlekedési eszköz volt a keleti fronton.

StuG. III Ausf. B (Alkett, 09. 1940-03.1941.) of Sturmgeschütz-Abteilung 226 with tactical number "132" in the Soviet Union, early autumn 1941. The commander is wearing goggles to protect against the dust and a helmet. The horsedrawn cart – as the corner stone of resupply - seen in the background was a general solution of transport on the eastern front.

Péter Kocsis's Collection

A Lehr-Brigade 900 (900. tandandár) StuG. III Ausf. B (Alkett, 1940. 09-1941. 03.) lövege a Szovjetunióban, 1941 nyarán. Az eredetileg 1940. januárban alakult Sturmgeschütz-Batterie 900 (900. rohamlövegüteg), a Lehr-Brigade 900 felállításának napján, 1941. június 17-én került annak állományába, mint az Artillerie-Abteilung 900 (mot.) 4. ütege. Állományában 6 (egyes források szerint 7) rohamlöveg volt. A „Barbarossa" hadművelet során a Közép Hadseregcsoport alárendeltségében harcolt.

StuG. III Ausf. B (Alkett, 09. 1940-03.1941.) of the Lehr-Brigade 900 (Training Brigade 900) in the Soviet Union, summer 1941. The Sturmgeschütz-Batterie 900 - originally raised in January 1940 – became the 4. battery of the Lehr-Brigade 900's Artillerie-Abteilung 900 (mot.) on 17th June 1941 when the Brigade was formed. The battery had 6 (in other sources 7) assault guns. During the Operation "Barbarossa" it was fighting under the subordination of the Heeresgruppe Mitte.

Péter Kocsis's Collection

A Sturmgeschütz-Abteilung 243, feltehetően első ütegének StuG. III Ausf. B-je (Alkett, 1940. 09-1941. 03.) a Szovjetunióban, a „Barbarossa" hadművelet korai szakaszában. A kép az előtérben álló hegyivadász katona portréját örökíti meg, ám a löveg parancsnoka ezzel nem igazán törődik. Ez a csapattest komolyan kivette részét a harcokból, a Szovjetunió elleni hadjárat megindulásának napján már veszteségeket szenvedett.

StuG. III Ausf. B (Alkett, 09. 1940-03. 1941.) of the Sturmgeschütz-Abteilung 243, probably from the 1. battery, in the Soviet Union during the early stages of the Operation "Barbarossa" The photo was a portrait of a "Gebirgsjäger" – but the vehicle's commander doesn't seem to care about this. The unit was heavily engaged in the fightings and suffered losses already on the very first day of the attack against the Soviet Union.

Péter Kocsis's Collection

Ugyanazon csapattest StuG. III Ausf. B-je (Alkett, 1940. 09-1941. 03.) egy rajnyi – feltehetően a német 1. hegyihadosztály állományába tartozó – hegyivadász kíséretében. Jól látható a test felső frontpáncélzatán a rohamlövegosztály korai harcászati jelzése a „243"-as számmal. Ez a rohamlövegosztály még kapott Sd.Kfz. 252 lőszerszállító harcjárművet, ami általános szállító- és sebesülteket mentő szerepkört is ellátott.

StuG. III Ausf. B (Alkett, 09. 1940-03. 1941.) from the same unit, with a squad of soldiers who may have belonged to the 1. Gebirgs-Division. Clearly visible are the early unit sign with the number "243" on the front armour. This Sturmgeschütz-Abteilung still received a Sd.Kfz. 252 ammunition carrier, which was also used as general transport and ambulance.

Péter Kocsis's Collection

A képen egy ismeretlen csapattest megrongált StuG. III Ausf. B (Alkett, 1940. 09–1941. 03.) rohamlövegét vizsgáló katonák egy csoportja látható. A felépítmény jobb oldalsó/hátsó részébe csapódó tüzérségi lövedék hatására a hátsó támasztógörgő, a sárvédő egy része, az oldalsó levegőbeömlő, valamint a 9 mm-es kiegészítő páncélzat leszakadt. Ennek a rohamlövegnek a javítása csak legalább hadsereg szinten volt megoldható.

A group of soldiers looking at a damaged StuG. III Ausf. B (Alkett, 09. 1940–03. 1941.) of an unknown unit. The last return roller, part of the mudguard, the air-intake and the additional 9 mm armour plate were blown off by the artillery hit on the rear-right. This vehicle could be repaired only at Army-level, in the rear area.

Péter Kocsis's Collection

Feltehetően a Grossdeutschland gyalogezred 16. ütegének StuG. III Ausf. B lövege (Alkett, 1940. 06-10.) Szlonim (ma Fehéroroszország) városában, 1941 júliusában. A gyalogezred már a franciaországi hadjárat során besorolta állományába a 640. rohamüteget. Érdekesség, hogy a felépítmény jobb oldali, döntött páncélzatán 17 bunker megsemmisítését jelző ábra látható, ami minden bizonnyal a korábbi harcok eredménye.

A StuG. III Ausf. B (Alkett, 06-10. 1940) probably of 16. Battery, “Großdeutschland” Infantry Regiment, in Slonim (today in Belorussia), June 1941. Sturm-Batterie 640. was subordinated under the Regiment already during the French campaign. It is interesting to note the tally of 17 destroyed bunkers on the fighting compartment right side, indicating their earlier victories.

Ismeretlen javítóbázis, ahol egy „B" jelzésű StuG. III Ausf. B (Alkett, 1940. 09-1941. 03.) motorcseréjét vagy javítását végzik. A 265 LE-s, vízhűtéses, 12 hengeres Maybach HL 120 TRM benzinmotor meglehetősen jó konstrukciónak bizonyult. A háttérben látható StuG. III Ausf. B ugyanazon csapattest állományába tartozhat, mint amit éppen javítanak. Oldalpáncélzatán az „E" betű olvasható.

Changing the engine of a StuG. III Ausf. B (Alkett, 09. 1940-03. 1941.) in an unidentified repair shop. The vehicle is marked with the letter "B". The 265 HP, water-cooled, 12 cylinder Maybach HL 120 TRM engine proved to be a very good power plant. The StuG. III Ausf. B with the letter "E" on its side armour probably belonged to the same unit.

Péter Kocsis's Collection

Szerencsétlenül járt, ismeretlen alakulatbéli StuG. III Ausf. B (Alkett, 1940. 09-1941. 03.) valahol a Szovjetunióban. Noha a málházási utasítás szerint 44 db szállított lőszert (5 db Pz.gr. rot, 29 db Gr.34, 10 db Nl.gr. – füstgránát) írtak elő, e mennyiség az utánpótlási lehetőségek és az elrendelt, következő harcfeladat tekintetében változhatott. A füstgránátot sok esetben elhagyták a többi gránáttípus javára.

Unlucky StuG. III Ausf. B (Alkett 09. 1940-03. 1941.) from an unknown unit somewhere in the Soviet Union. Although the StuG. III carried 44 rounds of ammunition by order (5pcs Pz.Gr. rot, 29pcs Gr.34, 10pcs Nl.Gr. - smoke grenade) the amount usually changed due to the resupply or the combat situation. In most cases the smoke grenades were substituted for other rounds.

Péter Kocsis's Collection

A Sturmgeschütz-Abteilung 243 második ütegének StuG. III Ausf. B (Alkett, 1940. 10-1941. 03.) rohamlövege a Szovjetunióban, 1941 nyarán. Számos típusjegy alapján – fa antennatartó, páncélozott ködgránátvetők, stb. – egy későbbi változatra gondolhatnánk, azonban a búvónyílások, valamint a láncfeszítő görgő egyértelműen bizonyítják, hogy ez egy Ausf. B.

StuG. III Ausf. B (Alkett, 10. 1940-03. 1941.) of 2. battery, Sturmgeschütz-Abteilung 243 in the Soviet Union, summer 1941. Based on numerous marks one would believe that this is a later version (wooden base for the antenna, armoured smoke-grenade launchers, etc.) but the hatches and the idler wheels clearly show that this is an Ausf. B.

Érdekes felvétel egy ismeretlen StuG. III Ausf. B-ről (Alkett, 1940. 09-1941. 03.) a Szovjetunióban, 1942-1943 telén. Láncfeszítő görgője már a későbbi altípusokon (Ausf. C-től) alkalmazott változat. Lánctalpa az 1942. szeptembertől gyártott Winterkette (téli lánctalp), amelyből a frontpáncélra is jutott. A jobb oldali, kiegészítő páncélzaton található kapaszkodóban a lánctalpösszehúzó szerszám látható.

An interesting photo of an unknown StuG. III Ausf. B (Alkett, 09. 1940-03. 1941.) in the Soviet Union in the winter of 1942-43. It already has the later version of idler wheel (used on the Ausf. C), and Winterketten which were produced from September 1942 (also seen on the front hull). Note the track-tool put in to the handrail on the right side additional armour.

Péter Kocsis's Collection

Javításra váró, harcképtelen StuG. III Ausf. C (Alkett, 1941. 03-05.) a keleti fronton. Sérülései mellett feltehetően donorként is szolgált más rohamlöveg javításához. Erre szükség is volt, hiszen az alkatrész-utánpótlás – a készletezési problémák mellett a szállítóeszközök hiánya miatt is – sok esetben elmaradt, illetve az egyszerre felmerülő műszaki problémákat a javító csapatok nem tudták egy időben orvosolni.

Incapacitated StuG. III Ausf. C (Alkett, 03-05. 1941.) on the Eastern Front, awaiting repair. This vehicle was probably used also as a donor for repairing other assault guns. This was necessary as the supply of spare parts was usually lacking because of stock problems and a lack of transport. In addition, the service personnel were not able to solve all the technical problems.

Péter Kocsis's Collection

Vidám rohamtüzérek a Sturmgeschütz-Abteilung 177 állományából egy StuG. III Ausf. C/D (Alkett, 1941) előtt, feltehetően a német másodosztályú Vaskereszt átadásának alkalmából fényképezkedve. Ez a csapattest 1941 nyarán alakult, majd ősszel kezdte meg harctevékenységét a keleti fronton. Noha a „Barbarossa" hadművelet végére e csapattest veszteségei is kritikus mértékben megnőttek, bátor helytállása vitathatatlan.

A cheerful crew in front of a StuG. III Ausf. C/D (Alkett, 1941) of Sturmgeschütz-Abteilung 177. Receiving the Iron Cross, II class was probably the reason for taking the photograph. The unit was raised in the summer of 1941 and went into combat in the autumn on the Eastern Front. However, the Abteilung's losses increased by the end of the Operation "Barbarossa", their bravery is unquestionable.

Péter Kocsis's Collection

Ugyanazon csapattest StuG. III Ausf. C/D (Alkett, 1941) lövege a Szovjetunióban, 1941 őszén. Noha a felvétel az osztály harcbalépésének korai időszakában készült, jól látható a „Barbarossa" hadműveletben szerzett harcedzettség; MG-34 géppuska alkalmazása, tartalék futógörgők és málha, a védettséget növelő lánctagok, illetve a birodalmi hadilobogó a Luftwaffe pilótáinak, azonosítás céljából. A futógörgő már hiányzik a jobb oldalsó, kiegészítő páncélon lévő – táborilag felhelyezett – tartóról.

StuG. III Ausf. C/D (Alkett, 1941) from the same unit in the Soviet Union, autumn 1941. Although the picture was taken in the early stage of the war, it can be clearly seen that they became battle-hardened during Operation "Barbarossa": the use of an MG-34, spare road wheels and impedimenta, spare tracks used as additional armour and the "Friend or Foe" identification flag of the III. Reich. One wheel is already missing from the holder attached to the right side additional armour.

Péter Kocsis's Collection

A „Totenkopf" SS-hadosztály rohamlövegütege első tűzszakaszának első – StuG. III Ausf. C/D (Alkett, 1941) – rohamlövege a Szovjetunióban, 1941 nyarán. Ez az alegység kiválóan harcolt a „Barbarossa" hadművelet alatt, majd a demjanszki katlanban folyó harcok idején – Erwin Meierdress SS-Hauptsturmführer (százados) vezetésével – kiemelkedő haditettet hajtott végre egy alkalmi harccsoport részeként.

The first StuG. III Ausf. C/D (Alkett, 1941.) of 1. platoon, "Totenkopf" SS-Division's Sturmgeschütz-Batterie in the Soviet Union, summer 1941. This unit fought prominently during Operation "Barbarossa", they later carried out an outstanding act of war as part of an ad hoc Kampfgruppen - under the command of SS-Hauptsturmführer Erwin Meierdress - during the fighting in the Demjansk-pocket.

A Sturmgeschütz-Abteilung 245 szállításra váró StuG. III Ausf. D (Alkett, 1941. 05-10.) lövege egy Sd.Ah. 116 mélyrakodó utánfutón, 1941 nyarán a Szovjetunióban. Megfelelő szállítóeszközt csak az 1941. november 1-jén bevezetett 446a állománytábla biztosított, ütegenként egy vontatóval és mélyrakodó utánfutóval. Addig központilag gondoskodtak a sérült harcjárművek mozgatásáról.

StuG. III Ausf. D (Alkett, 05-10. 1941.) of Sturmgeschütz-Abteilung 245 waiting for transport on a Sd.Ah. 116 trailer in the Soviet Union, summer 1941. Appropriate transport facilities were provided only by the 446a organization chart from 1st November 1941 (one Zugkraftwagen and one low loader trailer for each Abteilung). Until then the transport of damaged vehicles was arranged centrally.

Péter Kocsis's Collection

Ismeretlen alakulat vontatásra előkészített StuG. III Ausf. D (Alkett, 1941. 05-10.) rohamlövege valahol a Szovjetunióban, 1942 kora tavaszán. A háttérben két Sd.Kfz. 9 Schwerer Zugkraftwagen (Famo) látható, amelyek – egyenként 18 tonnás vontatóerejüknek köszönhetően – könnyűszerrel megoldották e feladatot.

A StuG. III Ausf. D (Alkett, 05-10. 1941.) from an unknown unit is prepared for towing somewhere in the Soviet Union, early spring 1942. There are two Sd.Kfz. 9 FAMO heavy towing half-track (Schwerer Zugkraftwagen) in the background, which could easily do this job due to their 18 ton towing capacity.

Péter Kocsis's Collection

Vasúti szállításra előkészített, korai StuG. III Ausf. E (Alkett, 1941. 10-11.) valahol a fagyos Szovjetunióban, 1941-1942 telén. A csapatok hiába várták az erősebb fegyverzetű rohamlöveget, az egyelőre késett. Helyette egy közvetlen harcvezetésre kiváló eszközt – a parancsnoki rohamlöveget – kapták. A tél és a harcok kikezdték a járműveket. 1942 márciusára mindössze 150 páncélos maradt bevethető a keleti fronton.

Early StuG. III Ausf. E (Alkett, 10-11. 1941) prepared for rail transport, somewhere in the frosty Soviet Union, in the winter of 1941-42. The troops waited for new assault guns with more powerful armament, it these were delayed. Instead, they received an excellent device for direct control – the command version of the assault gun. The winter and the fighting left their mark on the vehicles as by March 1942 only 150 operational assault guns remained on the Eastern Front.

Péter Kocsis's Collection

Igazán érdekes felvétel egy korai StuG. III Ausf. E (Alkett, 1941. 10-11.) lövegről, valahol a keleti fronton felállított tábori javítóbázison, 1942-1943 telén. A járműre Winterkette-t szereltek és a terepszínt tábori körülmények között festették rá. Feltehetően ennek a rohamlövegnek is – csakúgy, mint a háttérben látható Ausf. B-nek és az előrébb lévő Ausf. C/D-nek – motorproblémája lehet.

Very interesting shot of a StuG. III Ausf. E (Alkett, 10-11. 1941.) in a repair shop somewhere on the Eastern Front, in the winter of 1942-1943. It has Winterketten fitted and the camouflage has been painted by the troops on the field. It probably suffered engine failure just as the Ausf. B and the Ausf. C/D in the background.

A 91139 alvázszámú StuG. III Ausf. F (L/43, Alkett, 1942. 03-04.) már az 1941-ben elrendelt, az afrikai hadszíntérre szánt sárgás-barna álcázó színnel festve. Ez a löveg volt a 104. legyártott Ausf. F (L/43), amely elhagyta az Alkett csarnokát. Számos – eredetileg Afrikába irányított, végül azonban a keleti frontra vezényelt – alakulat járműveinek sárgásbarna terepszíne a szovjet harctéren is remekül bevált.

StuG. III Ausf. F (L/43, Alkett, 03-04. 1942.), chassis number 91139, painted with the new yellow-brown paint scheme which was ordered in 1941 for the African theatre. This gun was the 104th vehicle produced by Alkett. Several units yellow-brown painted vehicles, which were originally sent to Africa, ended up on the Eastern Front, where the new camouflage worked just as well.

A következő két felvételen az akkor még SS-Division (mot.) LSSAH rohamlöveg-osztályának telephelyét láthatjuk 1942 nyarán, Franciaországban. A háttérben a 2. üteg StuG. III Ausf. F (L/43, Alkett, 1942. 03-06.) páncélszürke lövege látható, előtte a 3. üteg StuG. III Ausf. B-je (Alkett, 1940. 09-1941. 03.) várakozik. Érdekes, hogy a szinte vadonatúj harcjárműre már táborilag rákerült a lőszertartó védelmét is szolgáló tartalék futógörgő, valamint a géppuskaállvány is.

The next two pictures show the depot of the "LSSAH" SS-Division (mot)'s Sturmgeschütz-Abteilung in France, summer 1942. We can see a StuG. III Ausf. F (L/43, Alkett, 03-06. 1942.) of the 2. battery in the background with a StuG. III Ausf. B (Alkett, 09. 1940-03. 1941.) of the 3. battery waiting in front of it. Interesting to note that this nearly brand new vehicle already has spare wheels and machine gun mount fitted as field modifications.

Péter Kocsis's Collection

Péter Kocsis's Collection

Sorban a 2. és a 3. üteg lövegei; a háttérben Ausf. F-ek (L/43, Alkett, 1942. 03-06.), az első sorban Ausf. B, E-k és végül egy F. A hadosztály rohamlöveg-alegységét 1942 nyarán zászlóalj erejűvé bővítették, és a 3. üteget javarészt a „Wiking” SS-hadosztály rohamtüzéreiből állították fel.

In order: assault guns of the 2. and 3. batteries, Ausf. F (L/43, Alkett, 03-06. 1942.) in the background, Ausf. B, E in the first row and finally an F. In the summer of 1942 the assault gun unit of the Division has been enlarged to battalion size. Most of the personnel of the 3. battery came from the “Wiking” SS-Division's assault gun unit.

Tipikus életkép a keleti frontról 1942 nyarán vagy kora őszén. Ismeretlen rohamtüzér-csapattest menetben, hátul egy StuG. III Ausf. E (Alkett, 1941.), az előtérben két Ausf. F (L/48, Alkett, 1942. 06-10.) látható. Meglepő, de 1943-ban még számos L/24 ágyúval szerelt rohamlöveg (Ausf. B-E) szolgált a frontokon.

Typical conversation piece of the Eastern Front in the summer or early fall of 1942. An unknown assault gun unit on the march with an Ausf. E (Alkett, 1941.) at the rear, while there are two Ausf. F (L/48, Alkett, 06-10. 1942.) are in the foreground. Astonishing, but there were still several assault guns (Ausf. B-E) with L/24 gun on the frontlines in 1943.

Péter Kocsis's Collection

Az utolsó változatú F altípusnál – mint a képen is látható StuG. III Ausf. F (L/48, Alkett, 1942. 07-09.) esetében – a hosszabb csövű löveg mellett már a 30 mm vastagságú kiegészítő páncélzatot is alkalmazták. A hegesztett kivitelezés megfelelő tartást biztosított a páncéllemezeknek, egyben immáron megfelelő védelmet nyújtott az ellenség páncéltörő eszközeivel szemben.

The last version of the Ausf. F, just like the StuG. III Ausf. F (L/48, Alkett, 07-09. 1942) in this picture, was fitted with 30 mm additional armour (providing adequate protection against anti-tank weapons) in addition to the longer gun.

A hosszabb löveg mellett – a megfelelő páncélátütés végett – nagyobb lőportöltetű lőszert alkalmaztak, ami a küzdőtér belső átalakítását vonta maga után, hogy elegendő mennyiségű lőszer álljon rendelkezésre. A képen is látható StuG. III Ausf. F/8 (Alkett, 1942. 09-10.) esetében a szállított lőszerek száma 54-re nőtt (Ausf. F-nél 44 darab).

To obtain greater penetration a longer gun was fitted and an increased amount of propellant was used in the ammunition. To make more room for a sufficient amount of ammunition the interior of the fighting compartment was modified. The StuG. III Ausf. F/8 (Alkett, 09-10. 1942.) seen in the picture carried 54 instead of the 44 rounds of the earlier StuG. III Ausf. F.

A több szempontból is érdekes felvételen egy StuG. III Ausf. F/8 (Alkett, 1942. 10-12.) vontat egy megsemmisített T–34 (STZ, 1941) harckocsit a keleti fronton, 1943-ban. Az Alkett 1942. novembertől csavarozott kiegészítő páncélzattal, egyben rövidebb sárvédővel készítette a rohamlövegeket. Ezt a típusú páncélzatot nem kedvelték a csapatok, mert találatkor deformálódhattak vagy törhettek a csavarok, ami a védettség gyengülését eredményezte.

There are some interesting features in this picture of a StuG. III Ausf. F/8 (Alkett, 10-12. 1942.) which is towing a destroyed T-34 (STZ, 1941) on the Eastern Front in 1943. From November 1942 onward Alkett produced the assault guns with shorter mudguards and additional bolted armour. Crews did not like this type of protection because the bolts usually broke or became deformed when hit.

Péter Kocsis's Collection

A következő két fényképen a német Luftwaffe 14. tábori hadosztályának StuG. III Ausf. F/8 (Alkett, 1942. 11-12.) rohamlövegeit láthatjuk Norvégiában, feltehetően 1943-ban. Egy 1943. március 15-ei jelentés szerint 4 darab hosszú csövű rohamlöveggel rendelkezett e seregtest páncélvadászosztálya, minden bizonnyal az itt látható Ausf. F/8-asokkal.

The following two pictures show StuG. III Ausf. F/8s (Alkett, 11-12. 1942.) of 14. Luftwaffe Field Division in Norway, probably in 1943. The division's anti-tank battalion reported 4 long barrelled assault guns on 15th March 1943, probably these vehicles.

Az „Erika" nevű StuG. III Ausf. F/8 (Alkett, 1942. 11-12.) mellett pózol egyik kezelője norvég állomáshelyén. További képekről ismerjük még két rohamlöveg nevét is, amelyek „Ulla" és „Gerda" voltak. Az altípus érdekessége, hogy 10 darabot átépítettek lángszórós változattá, de bevetésükre nem került sor, s végül 1944-ben visszaalakították őket normál F/8-asokká.

One of the crew posing next to "Erika", a StuG. III Ausf. F/8 (Alkett, 11-12. 1942.) in Norway. Two more nicknames are known from pictures: "Ulla" and "Gerda". Ten Ausf. F/8s were converted into flame-throwers, but they were not deployed, but reverted back to normal F/8s in 1944.

Ismeretlen csapatesthez tartozó StuG. III Ausf. G (Alkett, 1943. 02-03.). A kép érdekessége, hogy ez egy hibrid gyártású rohamlöveg, ami valószínűleg később kapta meg a kötényt, hiszen ezt az 5 mm vastag páncéllemezt 1943. áprilistól kezdték gyártani. Már megfigyelhető a védelem további fokozására tett próbálkozás is: lánctagokat helyeztek a bal oldalra.

StuG. III Ausf. G (Alkett, 02-03. 1943.) from an unknown unit. The skirts were probably added later to this "Hybrid" assault gun, as this 5 mm thick armour plate was produced only from April 1943. Note the efforts to increase the armour protection: the crew put track links on the vehicle's left side.

Péter Kocsis's Collection

A következő hat felvételen Hoffmann SS-Unterscharführer dísztemetését kísérhetjük nyomon. Eddigi kutatásaink szerint a szakaszvezető a 7. SS-Freiwilligen-Gebirgs-Division „Prinz Eugen” állományában szolgált, temetésének díszelgését az SS-Sturmgeschütz-Batterie 7 hajtotta végre. A képen ravatalként használt StuG. III Ausf. G rohamlöveg a MIAG csarnokából került ki 1943. március-július között.

The next six pictures show the funeral ceremony of SS-Unterscharführer Hoffmann. According to our research the Unterscharführer served in 7. SS-Freiwilligen-Gebirgs-Division and SS-Sturmgeschütz-Batterie 7 paid their last respects to him. The StuG. III Ausf. G used as a catafalque in the picture was produced between March-July 1943 in MIAG.

Péter Kocsis's Collection

Péter Kocsis's Collection

USCHA. HOFFMANN

Péter Kocsis's Collection

Ismeretlen csapattest megsemmisült StuG. III Ausf. G (Alkett, 1943. 06–1944. 05.) rohamlövege Hollandiában, egy Arnheim melletti úton, szövetséges vadászbombázó-repülőgépek rácsapása után, 1944 őszén. Jól megfigyelhető a szűk küzdőtér, mivel egy belső robbanás következtében a tetőpáncél leszakadt. Ezt a harcjárművet – mindannak ellenére, hogy javíthatónak tűnhet – már nem lehet újra harcképessé tenni, ám javítóanyag kinyerésére még alkalmas.

A destroyed StuG. III Ausf. G (Alkett, 06. 1943 – 05. 1944.) from an unknown unit lying on a road near Arnhem, Holland, after an Allied air attack in the fall of 1944. The roof collapsed due to an internal explosion so the cramped fighting compartment can be clearly seen. However it seems to be repairable, this vehicle is a total write-off but maybe some parts of it could be used on other vehicles.

Péter Kocsis's Collection

Feltehetően a Sturmgeschütz-Abteilung 242 egyik StuG. III Ausf. G (MIAG, 1943. 02-05.) rohamlövege valahol az olasz hadszíntéren, 1944-ben. Miután az osztály 2. és 3. ütege visszatért a keleti frontról – ahol a magyar 2. hadsereg harcait is támogatva állományának közel 100%-át elvesztette – 1943-ban részlegesen feltöltötték, majd az olasz frontra irányították. Az alakulat rohamlövegei számos ütközetben kiemelkedően harcoltak, például Cassinonál.

StuG. III Ausf. G (MIAG, 02-05. 1943.) somewhere in Italy, 1944. The vehicle probably belonged to Sturmgeschütz-Abteilung 242. After the 2. and 3. batteries returned from the Eastern Front, where they lost almost 100% of their vehicles in the battles supporting the 2. Hungarian Army, they were partially replenished and then sent to the Italian Front. The unit's assault guns fought prominently in several battles, for example at Monte Cassino.

Péter Kocsis's Collection

A következő 13 felvételen a már korábban bemutatott SS-Sturmgeschütz-Batterie 7 rohamlövegei láthatók kiképzés, besorolás és menet közben. Ez a csapattest 1943 júliusában kapott 10 darab StuG. III Ausf. G rohamlöveget az Alkett és MIAG gyáraiból vegyesen.

The next 13 pictures show vehicles of SS-Sturmgeschütze-Batterie 7 during training, forming up and marching. This unit received 10 StuG. III Ausf. G's from Alkett and MIAG in July 1943.

Péter Kocsis's Collection

Vadonatúj StuG. III Ausf. G (Alkett, 1943. 05-09.). Az Ausf. G változat magán hordozta mindazon típusjegyeket, amit ebből az alvázból mérnöki úton még ki lehetett fejleszteni. Mozgékonysága, védettsége és tűzereje a háború végéig hatékony harceszközzé tette, annak ellenére, hogy folyamatosan erősebb szövetséges páncélosok jelentek meg, főként a keleti hadszíntéren.

A brand new StuG. III Ausf. G (Alkett, 05-09. 1943.) The Ausf. G version encompassed all of the engineering developments based on this chassis. Although more powerful Allied tanks entered service mainly on the Eastern Front, its manoeuvrability, armour protection and firepower made the StuG. III an effective weapon up until the end of the war.

A rohamlövegbe történő beszállás előírt sorrendben történt. A képen egy StuG. III Ausf. G (MIAG, 1943. 03-08.) látható, amelybe jobbról a töltőkezelő, balról elsőként a vezető, majd az irányzó, végül a parancsnok szállt be. A harcjármű elhagyása – mint azt a következő kép is mutatja – fordított sorrendben történt.

The crew got into the assault gun in a specific order. In this picture a StuG. III Ausf. G (MIAG, 03-08. 1943.) can be seen, into which from the right side the loader, from the left side first the driver, then gunner and finally the commander entered. Leaving the vehicle, as shown in the following picture, happened in reverse order.

Péter Kocsis's Collection

„Minél több verejték a gyakorlótéren, annál kevesebb vér a fronton!" – mondta Felix Steiner SS-Obergruppenführer, aki a Waffen-SS egyik kiemelkedő, a kiképzésben és a harcászatban megannyi újítást bevezető tábornoka volt. Később a fronton a kiképzéssel töltött idő valóban megtérült.

"More sweat in the training area, the less blood on the front!" said SS-Obergruppenführer Felix Steiner, a prominent general of the Waffen-SS who initiated a lot of innovations in training and tactics. The time spent on training really paid off later on the front.

Két StuG. III Ausf. G – a háttérben a ravatalként használt löveg – a kiképzés szünetében. A rohamlöveg parancsnoka boldogan pózol a kamerának. Ez a löveg már az egy páncéllemezből készített, 80 mm-es frontpáncélzatot viseli, ami – figyelembe véve a StuG. III-asok tűzerejét – megfelelő védettséget nyújtott az elkövetkező harcok során.

Two StuG. III Ausf. G during a break in training with the commander is posing happily for the camera. This assault gun already has the 80 mm frontal armour made of one plate which, considering the firepower of the StuG. III, provided adequate protection. In the background is the assault gun used as a catafalque.

Péter Kocsis's Collection

A kezelőszemélyzetek felsorakoztak rohamlövegeik előtt. Sorban jobbról a parancsnok, töltőkezelő, irányzó, végül a vezető. Ezt követően harcjárműveikbe szállnak, beindítják a motorokat, majd a kapott utasításoknak megfelelően végrehajtják a következő kiképzési mozzanatot, ami a menetoszlopba való besorolás lesz.

The crews are lined up in front of their assault guns. From right to left: the commander, loader, gunner and driver. After this they get into their vehicles, start the engines and carry out the next training order which will be to get into line.

Péter Kocsis's Collection

Kezelők a helyükön! Látható, hogy kiképzésről van szó: a géppuska és a töltőkezelő mögött elhelyezett MP 40 géppisztoly hiányzik, minden harcjármű makulátlanul tiszta állapotban van. Feltehetően a csapattest számos katonája ekkor hajtotta végre az alapszintű kötelékkiképzést és tanulta meg a rohamlövegek harcászati alkalmazásának alapjait.

Crew members in their places! It is clear that this photograph was taken in training as the machine gun and the MP40 submachine gun behind the loader are missing, and all of the armoured fighting vehicles are perfectly clean. Supposedly large numbers of soldiers were given the basic troop training, especially in the case of new armoured fighting vehicles.

Péter Kocsis's Collection

Rohamlövegek oszlopban. A képen elöl haladó StuG. III Ausf. G (MIAG, 1943. 04-06.) az egyik első sorozatból származhat, ami köténynyel szerelve került ki a MIAG csarnokaiból. Noha a kötény számos problémával járt, a kezelők örömmel használták a nagyobb védettség és az ebből eredő lélektani támogatás miatt.

Assault guns in column. The StuG. III Ausf. G (MIAG, 04-06. 1943) at the head of the column might be part of one of the first series which was delivered from the MIAG factory with side skirts. Although side skirts caused a number of problems, the crew were happy to use them because of their increased protection and, consequently, provided psychological support for the crew members.

Péter Kocsis's Collection

Menetoszlop halad át egy német településen. Ez a kép is megerősíteni látszik a tényt, hogy a csapattest típusátképzésen vehetett részt az egyik kiképzőtáborban. 1943-ban a rohamtüzér-csapattestek már minden fronton kivívták ellenfeleik elismerését és félelmét. A keleti fronton a szovjet csapatok különös gondossággal térképezték fel az előttük álló német csapatok rohamlövegeit, s a harcparancsokban külön kitértek rájuk.

The column drives through a German settlement. In 1943, assault gun units evoked both awe and fear on every front that they appeared. On the Eastern front, Soviet units were extremely careful in mapping the position of the enemy's assault guns, and according to combat orders special attention was to be paid to these vehicles.

Péter Kocsis's Collection

Ugyanaz a menetoszlop egy újabb fényképen. A hosszabb (L/43 és L/48) lövegek alkalmazásával a két mozgási energiát kihasználó páncéltörő lőszer mellett kettő, kémiai energiát (kumulatív fémsugarat) alkalmazó lövedéket is rendszeresítettek. A céltávolságtól független, állandó páncélromboló képességgel rendelkező 7,5cm Gr.38 HI/B (75 mm-es) és Gr.38 HI/C (100 mm-es) röppályája azonban magas volt, találati pontossága 500 méter felett jelentősen csökkent.

The same column of Sturmgeschütz. With the advent of the longer (L/43 and L/48) guns, two High Explosive Anti Tank (HEAT) and two Armour Piercing rounds entered service. The 7.5cm Gr.38 HI/B (75 mm) and Gr.38 HI/C (100 mm) shells had a permanent armour-penetrating ability, although their trajectory was too high and their accuracy decreased considerably at ranges over 500 metres.

Péter Kocsis's Collection

A menetoszlop – a városból kiérve – megkezdte a terepen történő oszlopmenet gyakorlását. A MIAG csarnokaiból 1943. februártól decemberig tutottak ki azok az Ausf. G rohamlövegek, amelyek alvázát a MAN gyártotta még a Pz.Kpfw. III Ausf. M-ek részére. Ezek miatt (is) hol könnyebb, hol nehezebb beazonosítani a MIAG rohamlövegeit.

After leaving the town, the column proceeds to practice marching in columns in open country. Between February and December 1943, MIAG factory assembled Ausf. G assault guns using chassis built by MAN for Pz.Kpfw. III Ausf. M. This is one of the reasons MIAG assault guns are sometimes difficult to identify.

Péter Kocsis's Collection

Az egyik parancsnoki rohamlöveg állást vált a gyakorlat során. Ahogy az a felvételen látható, békés idill jellemző a hátország e vidékére: még egy kisfiúnak is engedték, hogy nézhesse a gyakorlást. A kiképzést követő hadműveletekben már megváltozott e kép, hiszen a hadosztály komoly veszteségeket szenvedett a jugoszláviai harcok során 1944-ben.

A commander's vehicle changes position during training. As can be seen in the photograph, the rear areas were peaceful and calm; it was even possible for a civilian boy to watch. During operations following training the picture naturally changed as the division suffered severe losses during the Yugoslavian campaign in 1944.

Rövid szünet és helyzetmegbeszélés a kiképzésben. Mindkét StuG. III Ausf. G a MIAG csarnokaiból került a csapattesthez. A Waffen-SS hadosztályaiban változó állománytáblával alkalmazták a rohamlövegeket: néhol (önálló) rohamlövegosztályként, máshol a páncélosezredek állományában voltak, vagy éppen a páncélvadászosztályokban vetették be őket.

A short break in training. Both StuG. III Ausf. Gs arrived from the MIAG factory. The assault guns used in the Waffen-SS Divisions based on different Tables of Equipment and Organization (TOEs): sometimes as (independent) assault gun battalions (Sturmgeschütz-Abteilungs), sometimes incorporated within armoured regiments (Panzer-Regiments), or deployed as elements of an anti-tank battalion (Panzerjäger-Abteilung).

Ismeretlen rohamtüzér-csapattest állomáshelye, öt StuG. III Ausf. G rohamlöveggel. A bal első StuG. III G-t (MIAG, 1943. 04-11.) a Pz.Kpfw. III 9/ZW alvázra építették. Miután a MIAG-ban leálltak a Pz.Kpfw. III gyártásával, a MAN-tól átvett, illetve a meglévő alvázakat felhasználva kezdték meg a rohamlövegek gyártását.

The barracks of an unknown assault artillery unit, with five StuG. III Ausf. G assault guns. The StuG. III G (MIAG, 04-11. 1943) on the left was built on a Pz.Kpfw. III 9/ZW chassis. After MIAG ceased manufacturing the Pz.Kpfw. III, assault gun production continued with previously completed chassis, and those from MAN.

Egy megsemmisített StuG. III Ausf. G (Alkett, 1943. 05.) a „Gusztáv" vonalban lévő tüzelőállásában Olaszországban, 1944. május 23-án, amint a brit 8. hadsereg katonái szemlélik. A hivatalos leírás alapján ez a rohamlöveg egy kiemelt pontot védett mindaddig, amíg egy Sherman harckocsi két találattal meg nem semmisítette, megnyitva ezzel az utat a további előrenyomuláshoz.

A StuG. III Ausf. G (Alkett, 05. 1943) destroyed in its firing position in the "Gustav Line" in Italy on 23 May 1944 and inspected by soldiers of the British 8th Army. According to the official records, this assault gun was defending a strongpoint until two direct hits from a Sherman tank destroyed it, opening the way for the Allies to advance forward.

A 16. SS-Panzer-Grenadier-Division „Reichsführer-SS" egyik harcképtelenné tett StuG. III Ausf. G (MIAG, 1943. 02-11.) rohamlövege Olaszországban, 1944-ben. A hadosztály páncélvadászosztálya az 1944. nyári olasz harcok után kivált a seregtestből, visszatért Németországba, majd 1945 februárjában, megmaradt részeiből felállították a 32. SS-Freiwilligen-Grenadier-Division páncélvadászosztályát.

A disabled StuG. III Ausf. G (MIAG, 02-11. 1943) of the 16. SS-Panzer-Grenadier-Division "Reichsführer-SS" in Italy, in 1944. The Panzerjäger-Abteilung had been separated from its parent formation following combat in Italy in the summer of 1944, and returned to Germany. In February 1945, the Panzerjäger-Abteilung/32. SS-Freiwilligen-Grenadier-Division was created from what remained of the unit.

Péter Kocsis's Collection

Az SS-Panzer-Grenadier-Division „Das Reich” StuG. III Ausf. G (az előtérben: Alkett, 1943. 04-05.) rohamlövegei a Szovjetunióban, a Miusz folyó körzetében, a kurszki csata idején, 1943. július-augusztusban. Az SS-Sturmgeschütz Abteilung 2 állományában 3x10 rohamlöveg tevékenykedett, kiemelkedő teljesítményt nyújtva a harcok alatt.

StuG. III Ausf. G (in the foreground: Alkett, 04-05. 1943) of SS-Panzer-Grenadier-Division “Das Reich” in the Mius river area at the time of the battle at Kursk in July-August 1943. There were 3x10 assault guns within SS-Sturmgeschütz-Abteilung 2, with outstanding performance in battle.

Péter Kocsis's Collection

Két StuG. III Ausf. G Vityebszk (ma Fehéroroszország) városában, amint kezelőszemélyzetük a Vityba folyóban mossa őket. Ez a kép jól szemlélteti a kötényezés egyik hátrányát: a technikai kiszolgálás nehézségeit. A különböző javítások, karbantartási munkálatok alkalmával a kötényeket el kellett távolítani, emellett akadályozták a motor és rendszerei számára kártékony por eltávolítását a harcjárműről.

Two StuG. III Ausf. Gs in the city of Vitebsk (now in Belarus) being washed by their crew in the Vitba river. This photograph clearly shows one of the shortcomings of side skirts: difficulty in maintenance. During maintenance and repair the side skirts had to be removed and they prevented the effective cleaning of dust which could be harmful for the engine.

Péter Kocsis's Collection

Vasúti szállításra berakodott StuG. III Ausf. G (Alkett, 1943. 09-1944. 03.) valahol a Szovjetunióban, 1944-ben. A tiltás ellenére számos rohamlöveg kezelőszemélyzete alkalmazta a felépítményre öntött betont. A hátországi kísérletek bebizonyították, hogy ezek a tábori megoldások csak nagyon kis mértékben növelték a harcjárművek védelmét, azonban drasztikusan csökkent(h)ették a mozgékonyságukat.

StuG. III Ausf. G (Alkett, 09. 1943. – 03. 1944) loaded for railway transportation somewhere in the Soviet Union in 1944. Despite orders to the contrary, a number of assault gun crews applied concrete to the superstructure. Experiments conducted in the rear areas proved that these field solutions marginally improved the protection of the assault guns but drastically reduced their mobility.

Péter Kocsis's Collection

A Sturmgeschütz-Brigade 600 egyik StuG. III Ausf. G lövege vasúti szállítás közben. E csapattest az egykori Sturmbatterie 600, 665 és 666 állományából alakult 1942. március 11-én, mint leichte Sturmgeschütz-Abteilung 600 (Feld). 1944. február 14-ével – a frontról történő hazatelepülés és újrafeltöltés után – dandárrá nevezték át, végül 1944. júniustól elnevezése Heeres-Sturmartillerie-Brigade 600-ra változott.

StuG. III Ausf. Gs of Sturmgeschütz-Brigade 600 being transported by railway. This unit was formed from Sturmbatteries 600, 665 and 666 on 11 March 1942 as leichte Sturmgeschütz-Abteilung 600 (Feld). On 14 February 1944 it was renamed as a Brigade, and from June 1944 as Heeres-Sturmartillerie-Brigade 600.

Péter Kocsis's Collection

A német 28. Jäger-Division 28/2. páncélvadász-századának StuG. III Ausf. G (MIAG, 1943. 02-05.) rohamlövege, feltehetően a jüterbogi kiképzőbázison, az 1943. őszi típusátképzés alatt. A 28. páncélvadászosztály 2. százada 1943 őszén indult a frontra, majd a tél során jelentős veszteségeket szenvedett. Ezek pótlására a Luftwaffe 1. tábori hadosztálya 4 rohamlöveget adott át.

A StuG. III Ausf. G (MIAG, 02-05. 1943) of 2. Kompanie/Panzerjäger-Abteilung 28/28. Jäger-Division, possibly at the Jüterbog training grounds, during refitting in the autumn of 1943. The 2. Kompanie/Panzerjäger-Abteilung 28 was sent to the front in the autumn of 1943, and suffered heavy losses during the winter. As a supplement, 4 assault guns were handed over by the 1. Luftwaffe Feld-Division.

Péter Kocsis's Collection

Érdekes felvétel egy StuG. III Ausf. G-ről (Alkett/MIAG, 1943. 04-11.), amelynek kezelői nagy mennyiségű betont használtak a védettség növelésére. A parancsnoki kupola körül lévő beton érthető és hatékony kiegészítés volt, azonban a frontpáncélra öntött réteg már szinte semmilyen további védettséget sem adott az 1944-re mindinkább elégtelen frontpáncélzatnak. Sőt, így a páncélzat a dőlésszögből eredő kitérítő képességét is elveszthette.

An interesting photograph of a StuG. III Ausf. G (Alkett/MIAG, 04-11. 1943) with concrete added to improve armour protection. The concrete around the commander's cupola is understandable and an effective addition, although the concrete poured over the front armour provided practically no extra protection; moreover, the front armour had become less satisfactory towards 1944. By covering it in concrete the armour lost its ability to deflect rounds.

Korai – 1940. októberig gyártásban lévő, 40 cm széles lánctalp vezetesere kialakitott – meghajtó görgövel szerelt StuG. III Ausf. G (Alkett, 1943. 03-06.) valahol a keleti fronton. Személyzete ennek a lövegnek is erősíteni próbálta az oldalpáncélzatot további lánctagokkal és két elemnyi köténylemezzel. További érdekesség, hogy a parancsnoki szögtávcsövön (S.F. 14Z) a napsütés és az eső ellen – táborilag – csöveket helyeztek fel.

An early StuG. III Ausf. G (Alkett, 03-06. 1943) somewhere on the Eastern Front, equipped with drive sprockets for 40 cm wide tracks, which were manufactured up to October 1940. The crew of this vehicle tried to increase side protection with spare tracks and two side skirt plates. It is also interesting that the commander's scissors telescope (S.F. 14Z) was equipped with tubular protection against sun and rain.

AMC

Téli álcafestésű StuG. III Ausf. G (Alkett/MIAG, 1943. 04-11.) valahol a Szovjetunióban, 1943-1944 telén. Kezelői szerencsések voltak, mivel mindamellett, hogy a jármű nem merült el, a küzdő- és motortérbe feltehetően nem szivárgott be a víz. Elvontatásához egy másik rohamlöveg vagy műszaki mentőjármű szükséges. Amennyiben a vontatás nem sikerült, s a rohamlöveg az ellenség kezére kerülhetett, a kezelőknek kötelessége volt megsemmisíteni azt.

StuG. III Ausf. G (Alkett/MIAG, 04-11. 1943) in winter camouflage, somewhere in the Soviet Union during the winter of 1943-1944. The crew had a lucky escape because the vehicle was not immersed and there was probably no water leaking into the combat and engine compartments. Recovery of the vehicle had to be performed by another assault gun or recovery vehicle. If recovery was unsuccessful and the enemy was in danger of capturing the vehicle, the crew members were to destroy it completely.

Az alkalmi javítóbázison az előtérben lévő, lövegcserére váró StuG. III Ausf. G (Alkett, 1944) lövegtalpát és szerelt lövegét ki-, felépítményét leemelték. A hátsó, szintén az Alkettben gyártott StuG. III Ausf. G sorsa ismeretlen. Az L/48 űrméret hosszúságú löveg élettartama 2000 lövés volt, ám nem valószínű, hogy emiatt került sor a karbantartásra.

The StuG. III Ausf. G (Alkett, 1944) in the foreground is awaiting the replacement of its gun at a field maintenance facility; its superstructure, gun and mount removed. The fate of the StuG. III Ausf. G in the background (also manufactured by Alkett) is unknown. The expected life of the L/48 length barrel was 2000 rounds, but it is unlikely that the maintenance was due to this.

Péter Kocsis's Collection

Gyengén álcázott StuG. III Ausf. G (Alkett, 1943. 10-1944. 03.), valahol Dániában, 1944-ben. Kötényzetére táborilag kenték fel a zimmeritet. Érdekesség, hogy a szovjetek úgy gondolták, ennek feladata – kialakításánál fogva – összegyűjteni a harcjárműre dobott gyúlékony folyadékot (Molotov-koktél), s ez összetételénél fogva (olvadáspontja 1100 °C) megakadályozza a jármű kiégését.

A poorly camouflaged StuG. III Ausf. G (Alkett, 10. 1943 – 03. 1944), somewhere in Denmark, in 1944. The Zimmerit was applied to the side skirts in the field. The Soviets thought that the purpose of the coating was to collect combustible liquids (Molotov-cocktails) thrown at the vehicle, and with a melting point at 1100 °c prevented the vehicle from burning out.

AMC

Harcképtelen StuG. III Ausf. G (Alkett, 1943. 09-1944. 03.) a Szovjetunióban. 1944 februárjában a keleti fronton harcoló 37 rohamtüzér-csapattest közül mindössze 9 volt teljesen-, 17 pedig részlegesen bevethető, s további 11 feltöltésre várt. Ez annyit tesz, hogy a Szovjetunióban harcoló rohamlöveg-alakulatok közel 70%-a bevethető volt. Ha a háborús viszonyokat nézzük, ez nem is rossz arány!

A disabled StuG. III Ausf. G (Alkett, 09. 1943 – 03. 1944) in the Soviet Union. In February 1944, of the 37 assault artillery units deployed on the Eastern Front, only 9 were fully and 17 partially combat-ready, 11 were awaiting reinforcements. This means that almost 70% of the assault artillery units in the Soviet Union were combat-ready. Taking into account the circumstances, this is not a bad percentage!

AMC

Érdekes téli terepszínezésű, „Chery” névre keresztelt StuG. III Ausf. G (Alkett, 1943. 09-1944. 03.) a keleti fronton. Személyzete ezt is telerakta lánctagokkal, ám a gyengébb ötvözetű fém mit sem védett az új, 1944-től rendszeresített szovjet harckocsi- és páncéltörő ágyúk tüzétől. Noha a mozgékonyság a rohamlövegek számára létfontosságú volt, a kezelők jelentős része a védelmet többre tartotta.

A StuG. III Ausf. G (Alkett, 09. 1943 – 03. 1944) named “Chery” on the Eastern Front with an interesting winter camouflage colour scheme. The crew has packed it with spare tracks, but the weaker metal alloy did not protect the crew against the fire of the Soviet tank- and anti-tank guns in service from 1944. Although mobility was crucial in the case of assault guns, most crews deemed protection more important.

Az amerikai 1. hadsereg 9. páncéloshadosztálya 19. harckocsizászlóaljának állományába tartozó E.W. Gregson hadnagy megvizsgál egy kilőtt StuG. III Ausf. G-t (Alkett, 1944. 09-10.) Németországban, 1945 márciusában. Igen érdekes, hogy az alsó frontpáncélba becsapódott – feltehetően 75 vagy 76mm-es – lövedék nem ütötte át azt, csak mély kimarást eredményezett! Emellett az öntött lövegpajzs eredményes ballisztikai kialakítása is megfigyelhető: egy lövedék gurulatot kapott rajta.

2nd Lieutenant E.W. Gregson of the 19th Tank Battalion/9th Armoured Division/1st Army examines a knocked out StuG. III Ausf. G (Alkett, 09-10. 1944) in Germany, March 1945. It is very interesting that the round (probably 75 or 76 mm) hitting the lower front plate did not penetrate it, causing only a deep gouge! Besides, the successful ballistic shape of the cast mantlet can also be observed; one round even deflected off it.

Amerikai csapatok által megsemmisített StuG. III Ausf. G (MIAG, 1944. 03-09.), Luneville (Franciaország) mellett, 1944. szeptember 27-én. Egy amerikai jelentés szerint a normandiai harcok első hónapjában a 7,5 cm-es löveggel kilőtt Sherman (75 mm-es ágyús változatú) harckocsikon a lövések 95%-a páncélátütést produkált, mindössze 5%-ban nem történt átütés. Kiváló bizonyítéka ez a 7,5 cm-es StuK 40 rohamágyú tűzerejére a nyugati fronton!

A StuG. III Ausf. G (MIAG, 03-09. 1944) destroyed by American troops, on 27 September 1944, near Lunéville, France. According to an American report, in the first month of the combat actions in Normandy, 95% of the hits from 7.5 cm guns on Sherman tanks resulted in armour penetration, and only 5% did not penetrate the armour of the Sherman. This is clear proof of the firepower of the 7.5 cm StuK 40 on the Western Front!

Péter Kocsis's Collection

A következő négy felvételen a Heer egyik rohamlöveg-alakulatának járművei láthatóak Sd.Kfz. 165 Hummel nehéz önjáró tarackok társaságában, feltehetően egy együttműködési gyakorlat vagy kiképzés során. Tekintve, hogy a StuG. III-asok – mint a képen lévő Ausf. G (Alkett/MIAG, 1943. 04-07.) – és a nehéz önjáró lövegek számos alkalommal tevékenykedhettek közösen (pl.: egy páncéloshadosztály páncélozott harccsoportjának elemeiként) szükség is volt az ilyen gyakorlatokra.

The next four photographs show the vehicles of a Heer assault gun-unit with Sd.Kfz. 165 Hummel self-propelled heavy artillery guns, probably during a cooperation exercise or training. Considering the fact that the StuG. IIIs, like the Ausf. G (Alkett/MIAG, 04-07. 1943) in the photograph, and the self-propelled heavy artillery guns could cooperate in many circumstances (for example as elements of an armoured combat group of an armoured division), these kinds of joint exercises were indeed necessary.

Péter Kocsis's Collection

A hadosztályonkénti 6 darab, 15 cm-es nehéz önjáró tarack (Sd.Kfz. 165) megfelelő mozgékonysággal párosuló tűzerőt képviselt. Így egy rohamlöveg alegységgel (más páncélozott elemekkel együtt, egy harccsoportban) a kezdeti feladatokat követően ütőképes tartalékot képezhettek a harc alatt. A StuG. III-asok – még 1944-ben is – remek páncéltörő eszköznek bizonyultak. Ezért sokszor a támadások súlyponti szakaszán vetették be őket.

The six 15 cm self-propelled heavy artillery guns (Sd.Kfz. 165) per division provided appropriate firepower combined with the necessary mobility. This way, having completed the initial tasks they could form an efficient reserve during combat with an assault gun unit (including other armoured elements in one combat group). The StuG. IIIs, even as late as 1944, proved effective anti-tank weapons, therefore they were often deployed at the point of main effort of an engagement.

Harcászati helyzetmegbeszélés a kiképzés során. A besorolt – feltehetően 4 db – nehéz önjáró löveg mögött feltűnik egy „Maultier" is, amely a kiképzés során hasznos segítséget nyújthatott, ám a fronton önmagában elégtelennek bizonyult a 15 cm-es gránátok szállítására. A vezetési gyakorlatok kiemelten fontosak voltak a kezelők – főként a járművezetők – számára, ahol kiismerhették a harcjárművek mozgását.

Discussion of the tactical situation during training. Behind the line of self-propelled heavy artillery guns is a "Maultier", which could prove useful during training, but at the front it proved insufficient for carrying 15 cm shells. Driving exercises were extremely important for the crew, and especially for drivers, where they could get used to the characteristics of their vehicles.

Péter Kocsis's Collection

Előtérben a 320264 alvázszámú Sd.Kfz. 165 nehéz önjáró löveg teljes 6 fős kezelőszemélyzetével, mögötte egy másik ugyan ilyen harcjármű, valamint kettő StuG. III Ausf. G (Alkett, 1943. 10-1944. 07.). Érdekes adalék, hogy 1944. május 31-én a keleti és nyugati fronton harcoló páncélos seregtestek állományában összesen 176 rohamlöveg volt, ezek közül 148 bevethető állapotban.

In the foreground the Sd.Kfz. 165 heavy self-propelled heavy artillery gun, chassis number (Fgst. Nr.) 320264, with its full six man crew, and another behind. To the left are two StuG. III Ausf. Gs (Alkett, 10. 1943 – 07. 1944). An interesting addition is that on 31 May 1944, there were a total of 176 assault guns in service in various armoured units on the East and Western Fronts, of these 148 were combat ready.

Ismeretlen csapattest StuG. III Ausf. G (Alkett, 1943. 10.) rohamlövege 1945 márciusában a keleti fronton. Ebben a hónapban (15-ei kimutatás alapján) 1194 bevethető rohamlöveg szolgált a Wehrmacht keleti hadszíntéren harcoló csapatainál, obből 314 a páncélos sereg-testekben. A szovjet Vörös Hadsereg nyomasztó fölénye ellenére a német rohamlövegek kezelőinek még ekkor is számos alkalommal sikerült harcászati sikereket elérniük.

A StuG. III Ausf. G (Alkett, 10. 1943) from an unknown unit on the Eastern Front in March 1945. During this month (according to a report dated 15 March) there were 1194 combat ready assault guns in Wehrmacht service on the Eastern Front, 314 of which served in armoured units. Despite the crushing dominance of the Red Army, the German assault gun crews were able to achieve tactical victories under ever hardening circumstances.

AMC

Megsemmisített StuG. III Ausf. G (Alkett, 1944. 06-09.) Franciaországban, Metz mellett, 1944. szeptember 18-án. Szinte bizonyosan egy repülőgép végzett ezzel a rohamlöveggel, mint sok társával a térségben. 1944 szeptemberében a nyugati fronton 3 rohamtüzér-csapattest mellett a páncélos seregtestekben is alkalmaztak rohamlövegeket. Számukat hamarosan megnövelték a szövetséges erők térnyerése miatt.

A destroyed StuG. III Ausf. G (Alkett, 06-09. 1944) near Metz, France, 18 September 1944. It is almost certain that this assault gun was knocked out by air attack, as was the case with many other assault guns in the area. In September 1944 on the Western Front, assault guns were used in armoured units in addition to three assault artillery units.

AMC

„Sturmgeschütz vor!” A több szempontból érdekes felvételen egy StuG. III Ausf. G (Alkett, 1944. 05-07.) látható a keleti fronton 1944 nyarán vagy kora ősszén. A jármű az 1944 májusától bevezetett, 1350 kg súlyú Ostkette (keleti) lánctalppal lett szerelve, amelynek feladata a fajlagos talajnyomás csökkentése, s ezzel a rohamlöveg mozgékonyságának javítása volt. Az egyedi terepszín mellett jól megfigyelhető a kötényezés lánctalp miatti távtartása.

“Sturmgeschütz vor!” This interesting StuG. III Ausf. G (Alkett, 05-07. 1944) was photographed on the Eastern Front in the summer or early autumn of 1944. The vehicle was fitted with the Ostketten (Eastern) tracks which had were introduced in May 1944. Despite their 1350 kg weight they reduced the ground pressure and thus improved the mobility of the vehicle. The unique camouflage scheme is clearly visible, as well as the distance between the trackguards and side skirts due to the wider tracks.

Harcképtelenné tett StuG. III Ausf. G (Alkett, 1944.10-1945.01) rohamlöveg, valahol Németországban, 1945-ben. A végső alváltozatra jellemzően megfigyelhető a párhuzamosított géppuska nyílása az öntött lövegpajzson, valamint a belülről irányítható, önvédelmi géppuska szerkezete. Nagyon érdekes a vágott, alsó köténylemezek tartószerkezete, a törött löveg, illetve a roncsolt parancsnoki kupola.

A knocked out StuG. III Ausf. G (Alkett, 10.1944 – 01.1945), somewhere in Germany in 1945. The coaxial machine gun opening is clearly visible on the cast gun mantlet as is the remote controlled machine gun on the roof. The bottom of the skirts, broken gun and damaged commander's cupola are all very interesting.

AMC

Ismeretlen csapatest „206" harcászati azonosító számú StuG. III Ausf. G (Alkett, 1945. 01-04.) rohamlövege Németországban, feltehetően már a háború után. Az elkeseredett harcok következtében a rohamtüzérség ereje erősen lecsökkent. Egy 1945. áprilisi jelentés szerint a hónapban a Wehrmacht kötelékében 707 bevethető rohamlöveg volt, ebből 515 a keleti fronton harcolt.

A StuG. III Ausf. G (Alkett, 01-04. 1945) from an unknown unit, tactical number "206" in Germany, probably after the war. The strength of the assault artillery units was seriously diminished as a result of heavy fighting; according to a report issued in April 1945, there were 707 combat ready assault guns within the Wehrmacht, with 515 on the Eastern Front.

AMC

Elhagyott és megsemmisített StuG. III Ausf. G (Alkett, 1944. 06-09.) az olasz fronton, 1944 októberében. A kép előterében megfigyelhető a futógörgő fém váza, amelyről leszakadt vagy leégett a gumi futófelület. Az Olaszországban harcoló német C Hadseregcsoport állományában ebben az időben 3 rohamtüzér-csapattest tevékenykedett, összesen 65 rohamlöveggel.

An abandoned StuG. III Ausf. G (Alkett, 06-09. 1944) in Italy during October 1944. In the foreground one can see the road wheels, and how the the rubber tyre was torn or burnt off. There were three assault artillery units active within Armeegruppe C in Italy with a total of 65 assault guns.

AMC

Kiégett StuG. III Ausf. G (Alkett/MIAG, 1943. 04-10.) Bastia Umbra (Olaszország) faluban 1944 nyarán. A szövetséges csapatoknak több mint egy évükbe telt Olaszország felét birtokba venniük, amiben a földrajzi adottságokon túl a rohamlövegek is jelentősen akadályozták őket. A StuG. III tökéletesen bevált itt is, legnagyobb hátránya – mint minden fronton – a csekély oldalsó és hátsó páncélvédelme volt.

A burnt out StuG. III Ausf. G (Alkett/MIAG, 04-10. 1943) in the village of Bastia Umbra (Italy) in the summer of 1944. It took Allied troops more than a year to capture half of Italy, in which they were considerably hindered by the assault gun units as well as difficult terrain. The StuG. III was perfect for this type of combat; its main disadvantage was insufficient side and rear armour.

Megsemmisített StuG. III Ausf. G (MIAG, 1944. 03-09.) rohamlöveget szemlél egy amerikai katona Daleiden (Németország) mellett, 1945. február 23-án. Noha ezt a harcjárművet már nem, de számos társát visszaszállították a gyárakba – még 1945-ben is – gyári nagyjavítás végett, amelyek közül 21 bevethető állapotban ismét visszakerült a csapatokhoz.

A destroyed StuG. III Ausf. G (MIAG, 03-09. 1944) is inspected by an American soldier near Daleiden (Germany) on 23 February 1945. Although this vehicle was beyond repair, many others were returned to the factories, even in 1945, for repair and refurbishment. A total of 21 returned to the frontline.

Péter Kocsis's Collection

A következő három felvételen egy elhagyott, „332" harcászati azonosító számú StuG. III Ausf. G-t (MIAG, 1943. 11-1944. 01.) figyelhetünk meg a Sturmgeschütz-Brigade 341 3. ütegéből, amit a szövetséges csapatok Dinan város (Franciaország) mellett tettek harcképtelenné 1944 nyarán. Nagyon érdekes a lövegpajzs fölé, táborilag szerelt védőlemez, valamint a lövegpajzson látható találatnyom. Mint sok másik harcjármű nyugaton, ez is a légierő áldozatául eshetett.

The next three photographs show an abandoned StuG. III Ausf. G (MIAG, 11. 1943 – 01. 1944), tactical number "332" of 3. Batterie/Sturmgeschütz-Brigade 341. The assault gun was knocked out by the Allies in the summer of 1944 near Dinan (France). The protective plate fitted in the field over the mantlet is extremely interesting, as is the hit on the mantlet. Like many other armoured fighting vehicles in the West, it was destroyed by aircraft.

Péter Kocsis's Collection

Jól megfigyelhető a motortér tetőpáncélján található szerelőnyílások, valamint a jármű hátsó felépítése. Mindazon túl, hogy a nyugati fronton a 7,5 cm-es StuK40 löveg igen hatékony páncéltörő fegyvernek bizonyult, a normandiai és észak-franciaországi terep is kedvezett az aktív védelmi harcot folytató német csapatoknak. Az amerikai katona számára remek háborús díszletet kínált a rohamlöveg.

The inside of the engine access hatches and details of the rear are visible in this picture. Beyond the fact that the 7.5 cm StuK 40 proved to be an extremely efficient anti-tank weapon on the Western front, the terrain in Normandy was also advantageous to the defending German units. For this American soldier the assault gun provided a good theatrical background.

Péter Kocsis's Collection

Ahogy szinte minden rohamlövegen, ezen is megfigyelhető a kezelők erőfeszítése a védelem növelésérére. A kötényzet a nyugati fronton leginkább a brit csapatok által használt PIAT lövedékek ellen nyújtott védelmet, a többi páncéltörő fegyver ellen szinte hatástalan maradt.

As with all assault guns, this also shows the efforts of the crew to enhance the protection of the vehicle. The side skirts provided protection mainly against PIAT projectiles used by British forces, but remained inefficient against other anti-tank weapons.

A Sturmgeschütz-Brigade 394 egyik megsemmisített, „9” harcászati azonosító számú StuG. III Ausf. G (MIAG, 1943. 09-11.) rohamlövege Franciaországban, 1944-ben. A különböző felvételeken megfigyelhető, hogy a felépítmény a belső (főként lőszerkészlet-) robbanások hatására a legtöbb esetben lerobbant az alvázról. E két részegységet „L” idom segítségével csavarozták egymáshoz, főként az egyszerűbb gyárthatóság és a könnyebb technikai kiszolgálás miatt.

A destroyed StuG. III Ausf. G (MIAG, 09-11. 1943), tactical number “9” from Sturmgeschütz-Brigade 394 in France, 1944. Different pictures show that the superstructure was blown off the chassis in many cases, caused by stowed ammunition exploding. These two elements of the vehicle were bolted together with an “L”-shaped profile, which eased manufacture and repair.

AMC

Két amerikai katona vidáman pózol egy megsemmisített StuG. III Ausf. G (Alkett, 1943. 06.) rohamlöveg mellett, valahol Olaszországban. Jól látható a szállítási táblázat a harcjármű felépítményének bal oldalán, amiben annak súlya (23 900 kg) is olvasható. A StuG. III Ausf. G e változatának előállításához 36400,5 kg nyersanyag felhasználására volt szükség.

Two American soldiers happily pose beside a destroyed StuG. III Ausf. G (Alkett, 06. 1943) in Italy. The transportation stencil is clearly visible at the left side of the superstructure, in which its weight (23,900 kg) can also be read. To manufacture a StuG. III Ausf. G, 36,100 kg of raw material was used.

AMC

Érdekes felvétel egy amerikai csapatok által megsemmisített StuG. III Ausf. G (Alkett/MIAG, 1944. 05-11.) rohamlövegről, amelyet 3 katona vizsgál Heiderscheid (Luxemburg) városában 1944. december 26-án. A StuG. III fegyverzetét 1944 májusától, a löveggel párhuzamosított, majd júliustól az irányzó által a küzdőtérből kezelt önvédelmi géppuskával egészítették ki.

An interesting photograph of a StuG. III Ausf. G (Alkett/MIAG, 05-11. 1944) destroyed by American troops and is inspected by three soldiers in Heiderscheid (Luxembourg) on 26 December 1944. From May 1944, the firepower of the StuG. III was supplemented by a co-axial machine gun, and from July with a machine gun handled by the loader from the fighting compartment.

Amerikai katonák nézegetnek egy elhagyott StuG. III Ausf. G (Alkett, 1944. 06-09.) rohamlöveget Eschdorf (Luxemburg) városban, 1945 januárjában. A rohamlövegek nyílt terepen végrehajtott támadó hadműveletekben – kialakításuknál fogva – korlátozottan voltak bevethetők, ugyanakkor a szárnyak biztosítására, valamint mozgó páncéltörő tartaléknak kiválóan alkalmasak voltak.

American soldiers look at an abandoned StuG. III Ausf. G (Alkett, 06-09. 1944) in Eschdorf, Luxemburg, during January 1945. The assault guns were, as a result of their design, of limited use in attacks carried out in the open, although they were perfectly capable of providing cover to the flanks and as a mobile anti-tank reserve.

Két harcképtelen StuG. III Ausf. G (Alkett, 1943. 11-1944. 03.) rohamlöveg Wallendorfban (Németország), 1945. február 21-én. Feltehetően a járműveket kezelőik tehették harcképtelenné. A háború vége felé gyakran előfordultak ilyen esetek az utánszállítási nehézségek miatt.

Two disabled StuG. III Ausf. Gs (Alkett, 11. 1943 – 03. 1944) in Wallendorf, Germany on 21 February 1945. The vehicles were probably disabled by their crews. Towards the end of the war, such occasions often happened because supply problems.

AMC

Megsemmisített StuG. III Ausf. G (Alkett, 1944. 05-09.) rohamlöveg Waremme (Belgium) városban, 1944 szeptemberében. Jól látható a küzdőtérből irányítható önvédelmi géppuska tartószerkezete, amelynek ötlete a StuG. III esetében1943 őszén merült fel. A sikeres csapatpróbák után elrendelt gyártás az ellátás hiányosságai miatt akadozott, de 1944 végétől e géppuska általános kiegészítő fegyverzetté vált.

A destroyed StuG. III Ausf. G (Alkett, 05-09. 1944) in Waremme, Belgium, September 1944. The self-defence machine gun, operated from the fighting compartment is clearly visible; the idea first, in connection with the StuG III, in the autumn of 1943. Following successful testing production was ordered; and although it was constantly hindered by deficiencies in supply, the machine gun became generally adopted from the end of 1944.

Péter Kocsis's Collection

StuG. III Ausf. G (Alkett, 1943. 03-05.) roncsa valahol Magyarországon, 1945-ben. A magyarországi harcok alatt a rohamlövegek komoly veszteségeket okoztak ellenfeleiknek. Előfordult, hogy egy StuG. III egy ISz–2 nehézharckocsit semmisített meg, miután utóbbi elvétette lövését és az – osztott lőszer miatti – hosszabb újratöltésének ideje alatt három találatot is kapott.

The remains of a StuG. III Ausf. G (Alkett, 03-05. 1943) in Hungary, 1945. During the fighting in Hungary, the assault guns inflicted heavy losses on their enemies. On a number of occasions StuG. IIIs destroyed IS–2 heavy tanks, after the latter failed to hit the StuG and received as many as three direct hits during the time it took to reload its separate shell and powder charge.

A „231" harcászati azonosító számú StuH. 42 (Alkett, 1943. 09-1944. 03.) rohamtarack teljes kezelőszemélyzetével, pihenő közben. Az első 9 rohamtarackot a Sturmgeschütz-Abteilung 185 3. ütege kapta 1942 októberében, amely azután a novemberi – Leningrád körüli – védelmi harcok alatt elvesztette összes tisztjét és rohamlövegét.

A StuH. 42 (Alkett, 09. 1943 – 03. 1944), tactical number "231" with its crew at rest. The first nine assault artillery guns were assigned to the 3. Batterie/Sturmgeschütz-Abteilung 185 in October 1942, which lost all of its officers and assault guns only a month later, during the defensive combat around Leningrad.

Érdekes festésű StuH. 42 (Alkett, 1943. 05-06.), feltehetően a keleti fronton. A 10,5 cm-es könnyű tábori tarack hatásos tűzerőt képviselt az általános célok ellen, azonban páncéltörő képessége csekély volt. Így páncélosok ellen javarészt csak önvédelemből használták. A rohamágyúhoz képest lomhább volt és – az osztott lőszer alkalmazása miatt – kisebb tűzgyorsaságú.

A StuH. 42 (Alkett, 05-06. 1943) with an interesting camouflage scheme, probably on the Eastern Front. The 10.5 cm light field howitzer provided effective firepower against most targets, although its anti-tank capacity was poor. Due to this, it was mainly used for self-defence against armoured vehicles. In comparison to the assault gun it was less mobile and its rate of fire slower because of the separate shell and powder charge.

AMC

Az amerikai 83. gyaloghadosztály által készített felvételen egy feltehetően bazooka (kézi páncéltörő rakétavető) által megsemmisített StuH. 42 (Alkett, 1944. 07-11.) rohamtarack látható a nyugati fronton. Az eredeti képaláírás szerint ez a rohamtarack az éj leple alatt közelítette meg az amerikai állásokat, amikor egy páncéltörő rakéta eltalálta.

This photograph was taken by a soldier of the 83th Infantry Division, of a StuH. 42 (Alkett, 07-11. 1944) which was possibly destroyed by a bazooka (portable anti-tank rocket launcher) on the Western Front. According to the original caption the vehicle was approaching American positions when it was hit by an anti-tank rocket.